Taschenbuch – Literatur - Klassiker

Band 170
bruno giordano
Von der ursache dem prinzip und dem einen

Bruno Giordano

Von der Ursache, dem Prinzip und dem Einen

Band 170
1.Auflage
Taschenbuch – Literatur - Klassiker
Herausgeber Frank Weber, Marburg
Bibliografische Information der Deutschen Nationalbibliothek:
Die Deutsche Nationalbibliothek verzeichnet diese Publikation
in der Deutschen Nationalbibliografie; detaillierte
bibliografische Daten sind im Internet abrufbar
über http://dnb.dnb.de
© 2020 Bruno Giordano
ISBN: 9783752688153
Deutsch: A. Lasson
Herstellung und Verlag: BoD – Books on Demand, Norderstedt

Giordano Bruno

Von der Ursache, dem Princip und dem Einen

(De la causa, principio, et uno)

Inhalt

Widmungsschreiben [Auszug]

Giordano von Nola

an die Prinzipien des Universums

Der du im flutenden Meer noch weilst an der Grenze des Orcus,

Titan, steige empor, fleh' ich, zum Sternengefild!

Wandelnde Sterne, o seht den Kreislauf mich auch betreten,

Jenem gesellt, wenn ihr frei nur eröffnet die Bahn.

Gönne mir euere Huld, dass des Schlafes doppelte Pforte

Weit aufstehe, wenn ich eile durchs Leere empor.

Was missgünstig die Zeit in dichten Schleier verhüllet,

Dürft' ich's aus dunkler Nacht ziehen ans freudige Licht!

Zauderst du, schwaches Gemüt, dein hehres Werk zu vollenden,

Weil unwürdig die Zeit, der du die Gabe verleihst?

Wie auch der Schatten Schwall die Länder decke, du hebe,

Unser Olymp, das Haupt frei zu dem Aether empor!

An den eignen Geist

Wurzelnd ruhet der Berg, tief mit der Erde verwachsen,

Aber sein Scheitel ragt zu den Gestirnen empor.

Du bist beiden verwandt, mein Geist, dem Zeus wie dem Hades,

Und doch von beiden getrennt. Mahnend ertönt dir der Ruf:

Wahre dein Recht auf des Weltalls Höhn! Nicht haftend am Niedern

Sinke vom Staube beschwert dumpf in des Acheron Flut!

Nein, vielmehr zum Himmel empor! Dort suche die Heimat!

Denn wenn ein Gott dich berührt, wirst du flammender Glut.

An die Zeit

Greis, der langsam und schnell zugleich, der verschliesset und aufthut,

Nennt man richtiger gut, nennt man dich böse vielmehr?

Reichlich giebst du und bist doch geizig; was du gespendet,

Raubst du; was du gezeugt, selber vernichtest du's auch.

Alles entspringt aus dir, dann schlingst du alles hinunter;

Was du am Busen gehegt, pflücket dein gieriger Schlund.

Wenn du alles erzeugst und alles zerstörest im Wechsel,

Dürft' ich dich dann nicht gut nennen und böse zugleich?

Doch wo umsonst in Wut du dich liebst zu grausigem Streiche,

Strecke nicht sichelbewehrt dorthin die drohende Hand!

Wo von des Chaos Nacht die letzten Spuren verschwunden,

Nimmer zeige dich gut, nimmer dich böse, o Greis!

Von der Liebe

Gott Amor thut mir auf die Demantpforten

Und lehrt die hehre Wahrheit mich verstehen.

Das Aug' ist meines Gottes Thor; im Sehen

Entspringt, lebt, wächst er, ewig herrscht er dorten.

Er offenbart die Wesen aller Orten;

In treuem Bild darf ich das Ferne spähen.

Mit Jugendkraft zielt er: nun ist's geschehen.

Er trifft ins Herz und sprenget alle Pforten.

O thöricht Volk, von Sinnen stumpf und öde,

Hör' auf mein Wort! denn es ist recht und tüchtig.

Kannst du's, thu' ab vom Aug' die dunkle Binde!

Ihn schiltst du blind, weil deine Augen blöde;

Weil wankelmütig du, nennst ihn du flüchtig;

Weil du unmündig, machst du ihn zum Kinde.

Ursach' und Grund und Eins...

Ursach' und Grund und Eins von Ewigkeiten,

Daraus Bewegung, Leben, Sein entspringen,

Was immer Himmel, Erd' und Höll' an Dingen

Umfasst in allen Längen, Tiefen, Breiten:

Mit Sinn, Verstand, Vernunft schau' ich die Weiten,

Die keine That, nicht Maass noch Rechnung zwingen;

Die Masse, Kraft und Zahl kann ich durchdringen,

Die Untres, Obres wie die Mitte leiten.

Nicht blinder Wahn, der Zeit, des Schicksals Tücke,

Nicht ohne Wut, noch Hasses gift'ges Flüstern,

Nicht Bosheit, roher Sinn und freches Trachten

Vermögen je, den Tag mir zu verdüstern,

Mir zu verschleiern meine hellen Blicke,

Noch meiner Sonne Glanz mir zu umnachten.

Erster Dialog

Personen: Elitropio, Filoteo, Armesso.

ELITROPIO. Gefangenen gleich, die an Dunkelheit gewöhnt aus finsterm Burgverliess an das Licht heraustreten, werden viele Anhänger der landläufigen Philosophie und manche andere dazu scheu werden, stutzen und weil sie unfähig sind, die neue Sonne deiner hellen Gedanken zu ertragen, böse werden.

FILOTEOFILO. Nun, dann liegt die Schuld nicht am Licht, sondern an ihren Augen. Je schöner und herrlicher die Sonne an sich selber ist, – den Augen der Nachteulen wird sie dadurch nur um so verhasster und widerwärtiger.

ELITROPIO. Ein schweres, seltenes und ungewöhnliches Ding unternimmst du, Filoteo, indem du jene Leute aus ihrem lichtlosen Abgrund hervorlocken und zu dem offenen, ruhigen und heiteren Anblick der Gestirne führen willst, die wir in so schöner Mannigfaltigkeit über den blauen Himmelsmantel ausgestreut sehen. Gewiss will dein frommer Eifer nichts als den Menschen sich hilfreich erweisen; gleichwohl werden die Angriffe der Undankbaren auf dich ebenso mannigfach sein, wie die Thiere es sind, welche die gütige Erde in ihrem mütterlich umfassenden Schoosse erzeugt und nährt: falls es nämlich wahr ist, dass die menschliche Gattung in ihren Individuen, in jedem besonders, die Verschiedenheiten aller anderen Gattungen nachbildet, um in jedem Individuum ausdrücklicher das Ganze zu sein, als es in andern Gattungen der Fall ist. Daher werden die Einen blinden Maulwürfen gleich in demselben Moment, wo sie die freie Luft spüren, sich möglichst schnell wieder in die Erde vergraben und in die dunkeln Höhlen zurückkehren, für die sie die Natur bestimmt hat. Die andern werden wie Nachtvögel nicht sobald im leuchtenden Osten die röthliche Botin der Sonne erblicken, als sie sich wegen der Schwäche ihrer Augen auch schon zur Rückkehr in ihre finstern Löcher angetrieben finden werden. Die Wesen alle, welche vom Anblick der himmlischen Lichter ausgeschlossen und für die ewigen Gefängnisse, Grüfte und Höhlen Pluto's bestimmt sind, werden, von dem schaurigen Chor der Alecto zurückgefordert, den schnellen Flug zu ihren

Wohnungen zurück nehmen. Die Wesen dagegen, die für den Anblick der Sonne geboren sind, werden, wenn das Ende der verhaasten Nacht gekommen ist, dem Himmel für seine Güte dankbar und freudig die heiss ersehnten und erhofften Strahlen mit ihren Blicken einsaugen und mit Herz, Stimme und Hand jubelnd den Aufgang anbeten. Wenn Titan vom goldnen Osten die feurigen Rosse angetrieben und das träumerische Schweigen der feuchten Nacht unterbrochen hat, dann werden die Menschen sinnig sprechen, die unschuldigen, wolletragenden Heerden blöken; die gehörnten Rinder unter der Obhut des rauhen Landmanns werden brüllen; die Esel des Silenus, weil sie von neuem den bestürzten Göttern hilfreich den dummen Giganten Schrecken einjagen können, werden ihr Geschrei erheben. In schmutzigem Lager sich wälzend mit ungestümem Grunzen werden die hauerbewehrten Eber ihren betäubenden Lärm machen, Tiger, Bären, Löwen, Wölfe nebst den listigen Füchsen das Haupt aus ihren Höhlen hervorstecken, von ihren einsamen Höhen das ebene Jagdgefilde betrachten und aus thierischer Brust ihr Grunzen, Brummen, Heulen, Brüllen, Winseln ertönen lassen. In der Luft und auf den Zweigen weitverästeter Bäume werden die Hähne, Adler, Pfauen, Kraniche, Tauben, Schnepfen, Nachtigallen, Krähen, Elstern, Raben, der Kukuk und die Cicade nicht säumen, ihr lärmendes Gezwitscher zu wiederholen und zu verdoppeln. Und selbst aus dem unbeständigen Gefilde der Fluth werden die weissen Schwäne, die bunten Enten, die geschäftigen Taucher, die Sumpfvögel und die heiseren Gänse nebst den melancholisch quakenden Fröschen die Ohren mit ihrem Geräusche erfüllen. Und so wird das warme Sonnenlicht, indem es die Luft dieser glücklicheren Hemisphäre durchstrahlt, sich begleitet, begrüsst und vielleicht belästigt finden von einer Fülle der Laute, ebenso mannigfaltig, wie es die Geister sind nach Grösse und Beschaffenheit, welche jene Laute aus der Tiefe der Brust hervorbringen.

FILOTEOFILO. Das ist doch nicht bloss etwas gewöhnliches, sondern auch ganz natürlich und nothwendig, dass jedes lebende Wesen *seinen* Laut von sich giebt. Unvernünftige Tiere können unmöglich articulirte Töne bilden wie die Menschen, da ihre Körperbeschaffenheit entgegengesetzt, ihr Geschmack verschieden, ihre Nahrung eine andere ist.

ARMESSO. Ich bitte um die Erlaubniss, auch mitreden zu dürfen, nicht über das Licht, sondern über andere Dinge, die dazu gehören und den Sinn nicht sowohl zu erfreuen, als vielmehr das Gefühl des Zuschauers oder Betrachters zu verletzen pflegen. Denn gerade, weil ich euren Frieden und eure Ruhe in brüderlicher Zuneigung wünsche, möchte ich nicht, dass aus diesen euren Reden wieder solche Komödien, Tragödien, Klagelieder, Dialoge oder was immer sonst entständen wie jene, die vor kurzem, als ihr sie in's Freie hinausliesst, euch zwangen, wohl eingeschlossen und zurückgezogen zu Hause zu bleiben.

FILOTEOFILO. Redet nur ganz frei heraus!

ARMESSO. Ich will keinesweges reden wie ein heiliger Prophet, ein verzückter Seher, ein verhimmelter Apokalyptiker oder der verengelte Esel des Bileam; auch nicht räsonniren als wär' ich vom Bacchus inspirirt, von dem Hauche der liederlichen Musen vom Parnass aufgeblasen, oder wie eine vom Phöbus geschwängerte Sibylle oder eine schicksalskundige Cassandra, nicht als wäre ich von der Sohle zum Scheitel von apollinischem Enthusiasmus vollgepfropft, wie ein erleuchteter Seher im Orakel oder auf dem delphischen Dreifuss, wie ein den Problemen der Sphinx gewachsener Oedipus oder ein Salomo den Räthseln der Königin von Saba gegenüber; nicht wie Calchas, der Dolmetscher des olympischen Senates, oder ein geisterfüllter Merlin, oder als käme ich aus der Höhle des Trophonius: sondern ich will in ganz hausbackener und nüchterner Prosa reden, wie ein Mensch, der ganz andere Absichten hat, als sich den Saft des kleinen und grossen Gehirns so lange herauszudestilliren, bis die *dura* und *pia mater* zuletzt als trocknes Residuum übrig bleibt; wie ein Mensch, der nun einmal kein anderes Hirn hat als sein eigenes, dem auch die Götter vom letzten Schube, die bloss zur Marschalltafel im himmlischen Hofhalte gehören, versagen; ich meine die Götter, die nicht Ambrosia essen noch Nektar trinken, sondern sich den Durst mit dem Bodensatz im Fass und mit ausgelaufenem Wein stillen, wenn sie gegen das Wasser und seine Nymphen besondere Abneigung hegen. Selbst diese, die sich uns doch sonst heimischer, zutraulicher und umgänglicher zu bezeigen pflegen, wie z.B. Bacchus oder jener betrunkene Bitter vom Esel [Silen], wie Pan, Vertumnus, Faunus oder Priapus, auch sie geruhen mich nicht um eines Strohhälmchens Breite tiefer einzuweihen, während sie doch von ihren Thaten selbst ihren Pferden Mittheilung zu machen pflegen.

ELITROPIO. Die Vorrede ist etwas lang geraten!

ARMESSO. Nur Geduld! Der Schluss wird dafür desto kürzer sein. Ich will in aller Kürze sagen, dass ich euch will Worte hören lassen, die man nicht erst zu entziffern braucht, indem man sie erst gleichsam der Destillation unterwirft oder sie durch die Retorte gehen lässt, im Marienbade digerirt und nach dem Recept der Quintessenz sublimirt, sondern Worte, wie sie mir meine Amme in den Kopf gepfropft hat, welche beinahe so fett, hochbusig, dickbäuchig, starklendig und vollsteissig war, wie es jene Londonerin nur sein kann, die ich in Westminster gesehen habe und die von wegen der Erwärmung des Bauches ein paar Zitzen hat, die wie die Stulpstiefeln des Riesen Sanct Sparagorio aussehen und aus denen sich, würden sie zu Leder verarbeitet, sicherlich zwei ferraresische Dudelsäcke würden machen lassen.

ELITROPIO. Das könnte nun wohl für eine Einleitung ausreichen.

ARMESSO. Wohlan denn, um zu Ende zu kommen, ich möchte von euch hören, – die Stimmen und Laute bei Gelegenheit den von eurer Philosophie ausstrahlenden Lichtes und Glanzes einmal ganz bei Seite gelassen – mit welchen Lauten ihr wollt, dass wir insbesondere jenes Phänomen von Gelehrsamkeit begrüssen sollen, welches das Buch vom Aschermittwochsgastmahl ausmacht? Was für Thiere sind es, die es vorgetragen haben? Wasser-, Luft-, Land- oder Mondthiere ? Und von den Aeusserungen des Smith, Prudenzio und Frulla abgesehen, – ich möchte gern wissen, ob die sich irren, welche behaupten, dass du eine Stimme annimmst wie ein toller und rasender Hund, dass du ferner zuweilen den Affen, zuweilen den Wolf, die Elster, den Papagei, bald das eine Thier, bald ein anderes nachahmst und bedeutende und ernste Sätze, moralische und physicalische, gemeine und würdige, philosophische und komische blind durch einander würfelst.

FILOTEOFILO. Wundert euch nicht, Bruder! War es doch nichts als eine Gasterei, wo die Gehirne durch Affecte regiert werden, wie sie durch die Einwirkung der Geschmäcke und Düfte von Getränken und Speisen entstehen. Wie ein Gastmahl materieller und körperlicher Art, ganz analog ist auch das Gastmahl in Wort und Geist. So hat denn auch dieses Gastmahl in Gesprächsform seine mannigfachen und verschiedenen Theile, wie ein Gastmahl sie zu haben pflegt: es hat seine eigenthümlichen Verhältnisse, Umstände und Mittel, wie sie in seiner Weise auch jenes haben könnte.

ARMESSO. Seid so gut und macht, dass ich euch verstehen kann!

FILOTEOFILO. Dort pflegt sich der Gewohnheit und Gebühr nach Salat, Speise, Obst und Hausmannskost aus der Küche und aus der Apotheke zu finden, für Gesunde und für Kranke: Kaltes, Warmes, Rohes und Gekochtes; aus dem Wasser, vom Lande, aus dem Hause und aus der Wildnis; Geröstetes, Gesottenes, Reifes, Herbes; Dinge die zur Ernährung allein, und solche, die dem Gaumen dienen; Substantielles und Leichtes, Salziges und Fades, Rohes und Eingemachtes, Bitteres und Süsses. Und so haben sich auch hier in bestimmter Reihenfolge die Gegensätze und Verschiedenheiten eingefunden, den Verschiedenheiten des Magens und des Geschmackes bei denen entsprechend, denen es gefallen möchte, an unserem symbolischen. Gastmahl teilzunehmen, damit niemand sich beklage, er sei umsonst gekommen, und damit wem das Eine nicht gefällt vom Anderen nehme.

ARMESSO. Schon gut; aber was sagt ihr dazu, wenn überdies in eurem Gastmahl Dinge vorkommen, die weder als Salat noch als Speise, weder als Dessert noch als Hausmannskost taugen, weder kalt noch warm, weder roll noch gekocht, die weder für den Appetit noch für den Hunger, weder für Gesunde noch für Kranke gut sind und demgemäss weder aus den Händen des Kochs noch des Apothekers hervorgehen?

FILOTEOFILO. Du wirst gleich sehen, dass auch darin unser Gastmahl jedem beliebigen anderen nicht unähnlich ist. Wie du dort mitten im besten Essen dich entweder an einem allzuheissen Bissen verbrennst, so dass du ihn entweder ausspeien oder unter Aechzen und Thränen dem Gaumen liebäugelnd so lange anvertrauen musst, bis du ihn hinunterwürgen kannst; oder es wird dir ein Zahnstumpf, oder die Zunge kommt dir in den Weg, dass du mit dem Brode auf sie beisst; oder ein Sternchen wird zwischen den Zähnen zertrümmert, dass du den ganzen Bissen ausspeien musst; oder ein Härchen aus dem Barte oder vom Kopfe des Kochs schleicht sich durch bis zu deinem Gaumen, um dich zum Brechen zu reizen; oder eine Gräte bleibt dir im Halse stecken, um dich sänftiglich husten zu machen; oder ein Knöchlein legt sich dir quer vor den Schlund und bringt dich in Gefahr zu ersticken: gerade so haben sich in unserem Gastmahl zu unserem und aller Missvergnügen entsprechende und ähnliche Dinge eingefunden. Und ach, der Grund von dem allen ist die Sünde unseres alten Urvaters Adam. Seitdem ist die verderbte menschliche Natur dazu verdammt, dass sich ihr zu jedem Genuss der Verdruss gesellt.

ARMESSO. Wie andächtig und erbaulich das klingt! Nun, was antwortet ihr denen, welche sagen, dass ihr ein wütender Cyniker seid?

FILOTEOFILO. Ich werde es freudig zugestehen, wenn nicht unbedingt, so doch teilweise.

ARMESSO. Aber wisst ihr auch, dass der Vorwurf, Beschimpfungen hinzunehmen, nicht so schwer ist wie der, sie auszutheilen.

FILOTEOFILO. Mir genügt's, dass die meinigen als Wiedervergeltung, diejenigen anderer als Angriffe gemeint sind.

ARMESSO. Auch Götter kommen in die Lage, Beleidigungen hinzunehmen, Beschimpfungen zu dulden und Tadel zu erleiden; aber selber tadeln, beschimpfen und beleidigen ist die Art gemeiner, unedler, unwürdiger und schlechtgesinnter Menschen.

FILOTEOFILO. Wohl wahr; aber wir beleidigen ja auch nicht; wir geben nur die Beleidigungen zurück, die nicht sowohl uns, als der verachteten Philosophie angethan werden, und wir thun es, damit nicht zu den schon erlittenen Kränkungen neue hinzukommen.

ARMESSO. Ihr wollt also einem bissigen Hunde gleichen, damit jedermann sich hüte, euch lästig zu fallen?

FILOTEOFILO. So ist's. Ich wünsche Ruhe zu haben, und der Verdruss verdriesst mich.

ARMESSO. Schön; aber man meint, ihr verfahrt zu streng.

FILOTEOFILO. Damit sie nicht wieder kommen, und damit andere lernen, nicht mit mir und mit anderen anzubinden; sie sollen vielmehr aus ähnlichen Mittelbegriffen die gleichen Schlüsse ziehen.

ARMESSO. Die Beleidigung war eine private, die Rache aber ist öffentlich.

FILOTEOFILO. Ist sie deshalb ungerecht? Viele Vergehen, die im verborgenen begangen sind, werden doch mit Fug und Recht öffentlich gestraft.

ARMESSO. Aber damit verderbt ihr euren Ruf und macht euch tadelnswerther als jene; denn man wird öffentlich sagen, dass ihr ungeduldig, launenhaft, eigensinnig, unbesonnen seid.

FILOTEOFILO. Das soll mich wenig kümmern, wenn nur sie und andere mir nicht weiter lästig fallen. Dazu zeige ich den Prügel des Cynikers, dass sie mich mit meiner Handlungsweise in Ruhe lassen, und wenn sie von mir keine Liebkosungen wollen, nicht an mir ihre Unhöflichkeit auslassen.

ARMESSO. Scheint es euch denn einem Philosophen zu geziemen, dass er auf Rache sinne?

FILOTEOFILO. Glichen die, die mich ärgern, der Xanthippe, so würde ich Sokrates gleichen.

ARMESSO. Weisst du nicht, dass Langmuth und Geduld allen gut steht? dass wir durch sie den Heröen und Göttern ähnlich werden, welche nach einigen sich spät rächen, nach anderen sich überhaupt nicht rächen noch erzürnen?

FILOTEOFILO. Du irrst, wenn du glaubst, ich hätte es auf Rache abgesehen.

ARMESSO. Auf was denn?

FILOTEOFILO. Auf Besserung, und auch dadurch werden wir den Göttern ähnlich. Du weisst, dass der arme Vulcan von Jupiter Dispens hat, auch an Festtagen zu arbeiten, und so wird der verwünschte Ambos nimmer dessen ledig, die Streiche der gewaltigen Hämmer zu erdulden. So wie der eine erhoben ist, fällt der andere nieder, damit nur die gerechten Blitze zur Züchtigung der Verbrecher und Frevler niemals ausgehen.

ARMESSO. Aber es ist immer noch ein Unterschied zwischen euch und dem Schmied des Jupiter, dem Gemahl der Cypria.

FILOTEOFILO. Genug, dass ich ihnen an Geduld und Langmuth vielleicht nicht so unähnlich bin. Auch in dieser Sache habe ich sie geübt; denn ich habe meinem Unwillen keineswegs durchaus den Zügel schiessen lassen und habe meinem Zorn nicht die schärfsten Sporen gegeben.

ARMESSO. Nicht jedermann soll sich damit zu schaffen machen, ein Verbesserer zu sein, besonders der Menge.

FILOTEOFILO. Sagt doch auch, besonders dann, wenn diese sich mit ihm nichts zu schaffen macht.

ARMESSO. Man sagt, dass man sich nicht bekümmern soll um ein fremdes Land.

FILOTEOFILO. Und ich sage zweierlei: erstens dass man einen ausländischen Arzt nicht tödten soll, weil er die Curen vorzunehmen versucht, die die heimischen nicht machen; zweitens, dass für den wahren Philosophen jedes Land sein Vaterland ist.

ARMESSO. Wenn sie dich nun aber nicht haben wollen, weder als Philosophen, noch als Arzt, noch als Landsmann?

FILOTEOFILO. Deshalb werde ich nicht aufhören es zu sein.

ARMESSO. Wer bürgt euch dafür?

FILOTEOFILO. Die Götter, welche mich hierher ge schickt haben; ich, der ich mich hier befinde; und die, welche Augen haben, mich hier zu sehen.

ARMESSO. Da hast du sehr wenige und wenig anerkannte Zeugen.

FILOTEOFILO. Auch die rechten Aerzte sind sehr wenig zahlreich und wenig anerkannt; fast alle dagegen sind rechte Kranke. Ich wiederhole, dass es ihnen nicht gestattet ist, den einen es zu bewirken, den andern es zu erlauben, dass solche Behandlung denen zu Theil werde, die lobenswerthe Dienste leisten, ob sie nun Ausländer seien oder nicht.

ARMESSO. Wenige erkennen diese Dienste an.

FILOTEOFILO. Deshalb sind die Perlen nicht weniger kostbar, und wir müssen sie mit aller unserer Kraft vertheidigen, und mit der äussersten Anstrengung dahin wirken, dass sie davor geschützt, gesichert und bewahrt bleiben, von den Säuen mit den Füssen zertreten zu werden. So wahr mir die hohen Götter helfen mögen, mein Armesso, ich habe niemals aus schmutziger Eigenliebe oder aus gemeiner Sorge für ein privates Interesse solche Rache geübt, sondern aus Liebe zu meiner vielgeliebten Mutter, der Philosophie, und aus Eifer um ihre verletzte Majestät. – Jetzt möchte sich jeder nichtsnutzige Pedant, jeder lumpige Wortheld, jeder dumme Faun, jeder unwissende Esel, indem er sich mit einer Last von Büchern zeigt, sich den Bart lang wachsen lässt und allerlei andere Manieren annimmt, dafür ausgeben, als ob er zur Familie gehörte. Durch solche falschen Freunde und Söhne ist die Philosophie so weit heruntergebracht worden, dass bei der Menge ein Philosoph so viel heisst als ein unnützer Mensch, ein Pedant, ein Gaukler, ein

Marktschreier, ein Charlatan, gut genug, um als Zeitvertreib im Hause und als Vogelscheuche auf dem Felde zu dienen.

ELITROPIO. Die Wahrheit zu sagen, wird die Sippe der Philosophen von dem grössten Theil der Menschen noch niedriger geachtet, als die der Geistlichen, weil diese, aus jeder Art von Gesindel entnommen, das priesterliche Amt immer noch weniger in Verruf gebracht haben, als jene, die, nach Bestien aller Art benannt, der Philosophie Verachtung zugezogen haben.

FILOTEOFILO. Loben wir also in seiner Art das Alterthum, wo die Philosophen zu Gesetzgebern, Räthen und Königen emporsteigen, Räthe und Könige aber zu Priestern erhoben werden durften. In unsern Tagen ist die Mehrzahl der Priester so beschaffen, dass sie und um ihretwillen die göttlichen Gebote verachtet sind; fast alle aber, welche wir als Philosophen betrachten, sind von der Art, dass sie selbst und um ihretwillen die Wissenschaften in Geringschätzung sinken. Ueberdies pflegt unter ihnen die Menge von Schurken, wie Nesseln die Saat, mit ihren entgegengesetzten Phantastereien die Tugend und Wahrheit zu überwuchern, welche selten und nur seltenen Menschen erkennbar ist.

ARMESSO. Ich kenne keinen Philosophen, Elitropio, der sich so für die verachtete Philosophie ereiferte, keinen, der für seine Wissenschaft so eingenommen wäre, wie dieser Teofilo. Was würde geschehen, wenn alle andern Philosophen von derselben Beschaffenheit, ich meine, ebenso leidenschaftlich wären!

ELITROPIO. Diese andern Philosophen haben nicht so viel erfunden, haben auch nicht so viel zu behüten, nicht so viel zu vertheidigen. Sie freilich können immerhin eine Philosophie gering schätzen, die nichts taugt, oder eine andere, die wenig taugt, oder eine solche, die sie nicht kennen; aber dieser, der die Wahrheit, den verborgenen Schatz, gefunden hat, ist von der Schönheit dieses göttlichen Antlitzes entflammt und nicht weniger eifersüchtig darauf, dass sie nicht verfälscht, vernachlässigt oder entweiht werde, als ein anderer in schmutziger Begierde vom Golde, vom Karfunkel oder Diamanten oder von einem schönen Weibsbild eingenommen sein mag.

ARMESSO. Aber besinnen wir uns und kommen zurück zur Sache! Man sagt von euch, Teofilo, ihr hättet in jenem eurem Aschermittwochsgespräch eine ganze Stadt, eine ganze Provinz, ein ganzes Reich geschmäht und beleidigt.

FILOTEOFILO. Das habe ich nie gedacht, nie beabsichtigt, nie gethan, und wenn ich es gedacht, beabsichtigt oder gethan hätte, so würde ich mich selber am strengsten verdammen und zu tausend Widerrufen, Abbitten und Palinodien bereit sein. Und das nicht allein, wenn ich ein altes edles Reich wie dieses beleidigt hätte, sondern auch jegliches andere sonst, für so barbarisch es auch gelten möge; und ich meine nicht nur, jede Stadt, für wie ungebildet sie berufen sei, sondern auch jegliches Geschlecht, als wie roh es auch bekannt sei, sondern auch jede Familie, wie ungastlich sie auch heisse. Denn es kann kein Reich, keine Stadt, kein Geschlecht, kein ganzes Haus geben, wo alle gleiches Sinnes wären oder wo man sich darauf einrichten dürfte, keines, wo sich nicht so entgegengesetzte und widersprechende Charaktere fänden, dass was dem einen Freude macht, dem andern missfallen muss.

ARMESSO. Gewiss, was mich anbetrifft, der ich das Ganze gelesen und wiedergelesen und wohl erwogen habe, ich finde euch wohl im einzelnen vielleicht etwas gar zu frei herausgehend; im allgemeinen finde ich euer Verfahren anständig, vernünftig und rücksichtsvoll. Aber das Gerücht geht so wie ich sage.

ELITROPIO. Dies und andere Gerüchte sind durch die Gemeinheit einiger von denen ausgestreut worden, die sich getroffen fühlen. Rachsüchtig und an eignem Verstand, Gelehrsamkeit, Geist und Kraft sich zu schwach fühlend, erdichten sie alle möglichen Unwahrheiten, denen nur ihresgleichen Glauben schenken können, und werben Genossen, indem sie es zu erreichen suchen, dass der Tadel gegen einzelne für eine Beleidigung gegen die Gesamtheit angesehen werde.

ARMESSO. Ich glaube vielmehr, dass es Personen giebt, nicht ohne Urtheil und Verstand, welche die Beleidigung auf die Gesamtheit beziehen, weil ihr solche Sitten Personen von solcher Abkunft beilegt.

FILOTEOFILO. Nun, was für Sitten sind denn das, dass ähnliche, schlimmere und viel fremdartigere in Geschlecht, Art und Zahl sich nicht in den vorzüglichsten Ländern und Gegenden der Welt fänden? Oder werdet ihr es vielleicht beleidigend finden, und zwar beleidigend und undankbar gegen mein Vaterland, wenn ich sage, dass ähnliche und noch verwerflichere Sitten in Italien, in Neapel, in Nola vorkommen? Würdige ich vielleicht dadurch dieses vom Himmel begnadigte Land herab, welches so oft zugleich zum Haupt und zur rechten Hand dieser Erde gesetzt war, zum Erzieher und Bezwinger der andern Geschlechter, dies Land, das von uns und andern immer als Lehrerin, Säugamme und Mutter aller Tugenden, Wissenschaften, aller Bildung, alles guten Anstandes und aller höflichen Sitte geschätzt worden ist, wenn das gar noch überboten wird, was von ihm grade auch unsere Posten gesungen haben, welche es doch ebensosehr als Lehrerin aller Laster, alles Betruges, aller Habsucht und Grausamkeit darstellen?

ELITROPIO. Das stimmt ganz zu den Grundsätzen eurer Philosophie; meint ihr doch, dass die Gegensätze in den Principien und in den nächsten Objecten zusammenfallen. Denn eben dieselben Geister, welche für hohe, tugendhafte und edelmüthige Handlungen die geeignetsten sind, sinken am tiefsten, wenn sie auf Abwege gerathen. Die selteneren und auserleseneren Geister finden sich da, wo im allgemeinen die unwissenderen und ungeschickteren sind, und wo meistentheils weniger gebildete und höfliche Leute sind, findet man in einzelnen Fällen Extreme von Bildung und Feinheit. Daher scheint den verschiedenen Geschlechtern das gleiche Maass von Vollkommenheiten und Unvollkommenheiten gegeben zu sein, nur in verschiedener Vertheilung.

FILOTEOFILO. Ganz recht.

ARMESSO. Bei alledem bedauere ich wie viele andere mit mir, o Teofilo, dass ihr in unserm lieben Vaterlande gerade auf solche Subjecte gestossen seid, die euch zu einer solchen Aschermittwochslamentation Anlass gegeben haben, und nicht auf so viele andere, die euch gezeigt hätten, wie sehr dies unser Land, mag es auch immer von den Eurigen »gänzlich vom Erdenrunde entlegen«

genannt werden, allen Studien edler Wissenschaften, der Waffen, der Ritterlichkeit, Bildung und höflicher Sitten ergeben sei. Soweit unsere Kraft reicht, suchen wir darin nicht hinter unsern Ahnen zurückzubleiben oder von anderen Völkern übertroffen zu werden, besonders von denen, welche sich einbilden, die edle Anlage, Wissenschaften, Waffen und Bildung wie von Natur zu haben.

FILOTEOFILO. Bei meiner Treue, Armesso, dem was ihr darlegt, darf ich nicht, könnte ich auch nicht widersprechen, weder mit Worten noch mit Gründen oder auch nur innerlich; führt ihr doch eure Sache mit aller Geschicklichkeit, bescheiden und gründlich. Deshalb empfinde ich Reue um euretwillen und um dessen willen, dass ihr mir nicht mit barbarischem Stolze gegenübergetreten seid, und ich bedaure, dass ich von den oben erwähnten Subjecten Anlass genommen habe, euch und andere Leute von ehrenwerthester und humanster Gesinnung zu betrüben. Ich möchte deshalb, jene Dialoge wären nicht veröffentlicht, und wenn es euch recht ist, so werde ich mich darum bemühen, dass sie fernerhin nicht an's Licht gelangen.

ARMESSO. Meine Betrübnis so wie die anderer vortrefflicher Leute stammt so wenig aus der Veröffentlichung jener Dialoge, dass ich eher dafür sorgen möchte, dass sie in unsere Landessprache übersetzt würden, damit sie den wenig oder übelgesitteten unter uns zur Lectüre dienen könnten. Vielleicht wenn sie sehen, mit welchem Abscheu ihre unhöflichen Manieren aufgenommen, in welchen Zügen sie geschildert worden und wie widerlich dieselben sind, wandeln sie sich, wenn sie sich durch gute Lehre und gutes Vorbild, das sie an den Besseren und Höheren sehen, von ihrem Wege nicht abbringen lassen, wenigstens um und bilden sich nach jenen um aus Scham, unter jenes Gesindel gezählt zu werden, indem sie lernen, dass persönliche Ehre und Tüchtigkeit nicht in dem Können und Wissen davon besteht, auf welche Art man andere ärgert, sondern in dem geraden Gegentheil.

ELITROPIO. Ihr zeigt euch sehr verständig und gewandt, wo es die Sache eures Vaterlandes gilt, und seid im Unterschied von vielen, die gleich arm sind an Geist und Werth, nicht undankbar und unerkenntlich für die guten Dienste anderer. Aber Filoteo scheint mir nicht vorsichtig genug, um seinen Ruf zu wahren und seine Person zu verteidigen. Denn so verschieden adliges Wesen und bäurisches Wesen ist, so entgegengesetzt sind die Wirkungen, die man von beiden hoffen oder fürchten muss. Stelle dir vor, irgend ein Bauernknecht aus Scythien, der ein Gelehrter geworden, Erfolg gehabt und Ruhm erlangt hätte, verliesse die Ufer der Donau und tastete mit kühnem Tadel und gerechter Anklage das Ansehen und die Majestät des römischen Senats an. Dieser würde aus jenes Mannes Tadel und Beleidigung Anlass nehmen zu einem Acte äusserster Klugheit und Grossmuth und den strengen Tadler mit einer Colossalstatue beehren. Denke dagegen, ein römischer Edelmann und Senator habe Unglück gehabt und wäre unweise genug, die lieblichen Gestade seines Tiber zu verlassen und gleichfalls mit gerechter Anklage und dem vernünftigsten Tadel die scythischen Bauern anzugreifen. Sicher würden diese daraus Anlass nehmen, die Beweise ihrer Unbildung, Niedrigkeit und Roheit zu babylonischer Thurmhöhe aufzuhäufen; sie würden ihn steinigen, der Volkswuth die Zügel schiessen lassen, um den andern Geschlechtern zu zeigen, welch ein Unterschied es sei, mit Menschen zu verkehren, oder mit solchen, welche nur nach dem Bild und Gleichniss von Menschen gemacht sind.

ARMESSO. Ich, o Teofilo, bin nicht der Mann, es für gebührend zu halten, dass ich oder ein anderer, der mehr Witz hätte als ich, die Sache und den Schutz derjenigen, die deine Satire trifft, als von Landsleuten übernehme, zu deren Vertheidigung uns das Naturgesetz selber treibe. Denn niemals werde ich zugestehen und niemals aufhören den zu bestreiten, welcher behauptet, dass jene Leute Theile und Glieder unseres Vaterlandes seien. Dieses besteht aus ebenso edlen, gebildeten, sittlichen, wohlerzogenen, zartfühlenden, humanen, verständigen Leuten wie irgend ein anderes. Wenn Leute jenes Schlages darin vorkommen, so doch sicher nur als Schmutz, Hefen, Mist und Moder; in keinem andern Sinne könnten sie Theile eines Reiches oder einer Stadt heissen, als wie auch die Jauche ein Theil des Schiffes ist. Weit entfernt daher, dass wir um solcher Leute willen empfindlich sein müssten, würden wir uns durch solche Empfindlichkeit vielmehr tadelnswerth machen. Aus der Zahl jener schliesse ich einen grossen Theil der Gelehrten und Geistlichen nicht aus. Wenn auch einige von ihnen vermöge ihrer Doctoren-Würde grosse Herren werden, so kehren sie den bäurischen Stolz, den sie zuerst nicht zu zeigen wagten, nachher mit der Zuversichtlichkeit und dem Hochmuth, der sich ihnen in Folge des Rufes als Gelehrte oder Priester anhängt, nur um so dreister und prahlerischer heraus. Kein Wunder daher, wenn ihr viele und aber viele seht, die in jener Doctoren- und Priesterwürde mehr nach dem Rindvieh, der Heerde und dem Stall riechen, als wirkliche Pferdeknechte, Hirten und Ackersleute. Deshalb wünschte ich, ihr hättet nicht so heftig gegen unsere Universität geeifert, indem ihr gewissermaassen dem Ganzen keine Nachsicht gewährtet und nicht bedachtet, was sie bisher gewesen ist, in Zukunft sein wird oder sein kann und zum Theil doch auch schon jetzt ist.

FILOTEOFILO. Nehmt es doch nicht so tragisch! Denn ist auch die Schilderung, die sie bei dieser Gelegenheit erfahren hat, ganz getreu, so ist doch jedenfalls die Verkehrtheit nicht grösser bei ihr als bei allen anderen, die höher zu stehen glauben, und die unter dem höchst albernen Titel von Doctoren Pferde mit Doctorringen und Esel mit Doctorhüten creieren. Gleichwohl verkenne ich nicht, wie sehr sie von Anfang an wohl eingerichtet gewesen ist, die schönen Studienordnungen, die Würde des Ceremoniells, die Vertheilung der Uebungen, die Schönheit der Trachten und vieles andere, was zum Bedürfniss und Schmuck einer Academie beiträgt. Jedermann muss sie daher ohne Zweifel als die erste in ganz Europa und mithin in der ganzen Welt anerkennen, und ich leugne nicht, dass sie ein Gewandtheit und Feinheit der Geister, wie beide Theile Britanniens sie von Natur erzeugen, allen denen, die anerkannt die vortrefflichsten sind, ähnlich ist und wohl gleichkommen mag. Nichts desto weniger hat sich das Andenken daran verloren, dass die speculativen Studien, ehe sie noch in den anderen Theilen Europas wiedererwachten, an diesem Orte geblüht haben, und dass durch diese ihre Meister in der Metaphysik, wie barbarisch auch immer von Sprache und mönchisch von Profession sie waren, der Glanz eines herrlichen und hervorragenden Zweiges der Philosophie, welcher in unseren Zeiten beinahe erloschen ist, über alle andern Academien der Länder, die nicht von Barbaren bewohnt sind, sich verbreitet hat. Aber was mich angewidert hat und mir zugleich Ekel und Lachen erregt, ist das, dass während ich nirgends Leute finde, die von Sprache mehr Römer, mehr Athener wären, als an diesem Ort, sie sich in allem übrigen – ich spreche von der grossen Masse – rühmen, ihren Vorgängern durchaus unähnlich und entgegengesetzt zu sein. Letztere waren freilich wenig besorgt um Beredsamkeit und grammatische Strenge und ganz auf die Speculation gerichtet, welche von jenen Sophisterei genannt wird; aber ihre Metaphysik, in der sie ihren Meister Aristoteles übertreffen haben, wenn auch immerhin getrübt und verunreinigt durch manche werthlose Schlüsse und Lehrsätze, die nicht philosophisch noch theologisch sind, sondern von einem müssigen und seine Kraft übel verwendenden Geiste zeugen, – ihre Metaphysik steht mir doch immer noch unendlich höher, als alles was diese Männer der Gegenwart mit aller ihrer ciceronianischen Beredsamkeit und declamatorischen Kunst vorbringen können.

ARMESSO. Das sind doch aber auch keine verächtlichen Sachen.

FILOTEOFILO. Gewiss nicht. Aber wenn man zwischen beiden wählen muss, so schätze ich die Ausbildung des Geistes, wie sehr sie auch sonst getrübt sein mag, höher als diejenige noch so beredter Worte und Redeweisen.

ELITROPIO. Das erinnert mich an jenen Bruder Ventura, der bei der Besprechung der Stelle der Heiligen Schrift: »Gebt dem Kaiser was des Kaisers ist!« bei Gelegenheit alle Namen von Münzen, die es zu den Zeiten der Römer gab und die er ich weiss nicht aus welchem alten Tröster oder welcher Scharteke aufgelesen hatte, – es waren mehr als hundert und zwanzig, – nach Gepräge und Gewicht anbrachte, um zu zeigen, wie fleissig und wie gelehrt er sei. Als nun am Schluss der Predigt ein Biedermann zu ihm trat und bat: »Ehrwürdiger Pater, seid so gut und leiht mir einen Carlin!« so antwortete er, er gehöre zum Bettelorden.

ARMESSO. Zu welchem Zwecke erwähnt ihr das?

ELITROPIO. Ich will damit sagen, dass die, welche in Redensarten und Namen sehr bewandert sind und sich nicht um die Sachen kümmern, dasselbe Gaul wie jener ehrwürdige Vater der Gäule reiten.

ARMESSO. Ich glaube doch, dass sie ausser dem Studium der Beredsamkeit, in welcher sie alle ihre Vorgänger übertreffen und den andern Modernen nicht nachstehen, auch in der Philosophie und auf andern Gebieten der Speculation nicht so bettelarm sind; können sie doch ohne deren gründliche Kenntniss zu keinem Grade promovirt werden. Denn die Statuten der Universität, auf welche sie eidlich verpflichtet sind, bestimmen, dass niemand zur Magister- oder Doctorwürde in der Philosophie und Theologie promovirt werden soll, wenn er nicht aus dem Brunnen des Aristoteles gründlich geschöpft habe.

ELITROPIO. O, ich will euch sagen, wie sie's gemacht haben, um nicht meineidig zu werden. Von drei Brunnen, die sich bei der Universität befinden, haben sie dem einen den Namen Brunnen des Aristoteles gegeben; den andern nennen sie Brunnen des Pythagoras, den dritten Brunnen des Plato. Da sie nun aus jenen drei Brunnen ihr Wasser entnehmen, um Bier und dergleichen zu machen, – mit demselben Wasser werden freilich auch die Ochsen und Pferde getränkt, – so giebt es natürlich keinen Menschen, der nicht, auch wenn er sich kaum drei oder vier Tage in jenen Studien- und Collegienhäusern aufgehalten hat, mit dem Brunnen nicht nur des Aristoteles, sondern auch ausserdem mit dem des Pythagoras und Plato reichlich durchtränkt worden wäre.

ARMESSO. Leider, dass ihr nur allzuwahr redet! Daher kommt es, Teofilo, dass die Doctoren zu so billigen Preisen fortgehen wie die Sardellen. Wie man sie mit wenig Mühe creirt, findet, fischt, so kauft man sie auch für ein Geringes. Da nun bei uns die Masse der Doctoren in dieser Zeit so beschaffen ist, – den Ruhm einiger durch Redegabe, Gelehrsamkeit, weltmännische Bildung ausgezeichneter Männer, wie ein Tobias Matthew, Culpeper und andere, die ich nicht zu nennen weiss, immer ausgenommen, – so fehlt viel daran, dass einer weil er sich Doctor nennt dafür gelte einen neuen Adelsrang zu haben; vielmehr ist er gerade der entgegengesetzten Natur und Beschaffenheit so lange verdächtig, als man nicht etwas von ihm besonders weiss. So kommt es, dass diejenigen, die von Geburt oder sonst adlig sind, auch wenn sie damit das schönste Theil des Adels, die gelehrte Bildung, verbinden, sich schämen, sich promoviren und zu Doctoren ernennen zu lassen, indem es ihnen genügt, dass sie Gelehrte sind. Und von solchen findet man eine grössere Zahl an den Höfen, als man Pedanten an der Universität findet.

FILOTEOFILO. Grämt euch nicht zu sehr darüber, Armesso! Denn überall, wo es Doctoren und Priester giebt, giebt es auch beide Arten von ihnen. Diejenigen, die wahrhafte Gelehrte und wahrhafte Priester sind, mögen sie auch aus niederem Stande emporgekommen sein, können nicht anders als gebildet und geadelt sein; denn die Wissenschaft ist der auserlesene Weg, um den menschlichen Geist zu erhabenem Streben zu entzünden. Jene andern aber erscheinen uns um so roher, je mehr sie, mit dem Divûm pater oder mit dem Giganten Salmoneus »hochdonnernd«, gleich einem Satyr oder Faun im Purpurgewande mit schreckeneinflössendem und gebieterischem Pompe einherschreiten, nachdem sie auf dem Katheder des Schulobersten ausgemacht haben, – nach welcher Declination *hic et haec et hoc nihil* geht.

ARMESSO. Wir wollen den Gegenstand fallen lassen. Was ist das für ein Buch, das ihr in der Hand habt?

FILOTEOFILO. Es sind Dialoge.

ARMESSO. Das Gastmahl?

FILOTEOFILO. Nein.

ARMESSO. Was denn?

FILOTEOFILO. Andere, im denen nach unserer Methode von der Ursache, dem Princip und dem Einen gehandelt wird.

ARMESSO. Und die Personen? Haben wir vielleicht wieder so einen verteufelten Frulla oder Prudenzio, die uns von neuem in schlimme Gesellschaft bringen?

FILOTEOFILO. Fürchtet nichts! Einen ausgenommen, sind es lauter ruhige und höchst anständige Leute.

ARMESSO. So bliebe also doch wieder euren Worten nach etwas auch in diesen Dialogen auszumerzen?

FILOTEOFILO. Fürchtet nichts! Ihr werdet euch eher gekitzelt fühlen, wo es euch juckt, als gereizt, wo es euch weh thut.

ARMESSO. Wo es juckt?

FILOTEOFILO. Ihr werdet hier erstens dem ehrenwerthen Gelehrten, dem liebenswürdigen, wohlgebildeten Mann und treuen Freunde Alexander Dicson begegnen, den der Nolaner liebt wie seinen Augapfel und der zu der Verhandlung über den Gegenstand den Anlass gegeben hat. Er wird als derjenige eingeführt, der dem Teofilo den Stoff zu seinen Darlegungen bietet. Zweitens habt ihr da den Teofilo, nämlich mich, der je nach gegebenem Anlass den vorliegenden Gegenstand durch Distinctionen, Definitionen und Demonstrationen erläutert. Drittens ist da Gervasio, ein Mann, der nicht zur Zunft gehört, aber zum Zeitvertreib bei unsern Unterredungen zugegen sein will, eine Person, die nicht wohl noch übel riecht, sich über die Manieren des Poliinnio köstlich amüsiert und ihm dann und wann Spielraum schafft, um seine Thorheit auszulassen. Diesen gotteslästerlichen Pedanten habt ihr da zum vierten, einen jener gestrengen Tadler der Philosophie, der sich deshalb wie ein Momus vorkommt; äusserst eingenommen von seinem Schwarm von Scholastikern, weshalb er sich in sokratischer Liebe einen geschworenen Feind des weiblichen Geschlechtes nennt, und weil er kein Physiker ist, sich für Orpheus, Musäus, Tityrus und Amphion hält. Du kennst die Art. Wenn sie dir eine schöne Periode gemacht, ein elegantes Brieflein aufgesetzt, eine zierliche Phrase aus der ciceronianischen Garküche geschmarotzert haben: – da ist Demosthenes wiedererstanden, da blüht Tullius, da lebt Sallust; da ist ein Argus, der jeden Buchstaben, jede Silbe, jede Redensart erspäht; da Rhadamanthus *»umbras vocat ille silentum«,* da Minos, König von Creta, *»urnam movet«.* Sie zeigen die Sprüchlein und discutiren über Phrasen: diese schmeckt nach dem Dichter, jene nach dem Komiker, die nach dem Redner; das ist würdevoll, das niedrig, das erhaben; jenes gehört dem *humile dicendi genus* an; diese Wendung ist rauh; sie würde zart sein, wenn sie so gestaltet wäre; das ist ein Anfänger, der sich wenig um das Alterthum kümmert, *non redolet Arpinatem, desipit Latium;* dieses Wort ist nicht toscanisch, wird nicht von Boccaccio, Petrarca und anderen gebraucht Man schreibt nicht *homo,* sondern *omo,* nicht *honore,* sondern *onore,* nicht Polihimnio, sondern Poliinnio. Darüber triumphirt er, ist er mit sich zufrieden; nichts gefällt ihm so wie seine eigenen Thaten. Er ist ein Jupiter, der von der hohen Warte *»alta specula«* das so vielen unnöthigen Irrthümern, Unfällen, Nöthen und Mühen ausgesetzte Leben der anderen Menschen beschaut und betrachtet. Nur er ist glücklich, er allein lebt ein himmlisches Leben, wenn er seine Göttlichkeit im Spiegel einer Blumenlese, eines Wörterbuchs, eines Calepino, eines Glossars, einer Cornucopia, eines Nizolius betrachtet. Mit solcher Ueberlegenheit ausgestattet ist er allein alles in allem, während sonst jeder nur eines ist. Lacht er, so nennt er sich Demokrit, weint er, Heraklit; disputirt er, so heisst er Chrysipp; forscht er, Aristoteles; tummelt er sich in Hirngespinsten, Plato; brüllt er ein paar Sätze her, so ist sein Name Demosthenes; wenn er den Vergilium analysiret, so ist er Maro. Nun hofmeistert er Achill, belobt Aeneas, tadelt Hector, declamirt gegen Pyrrhus, trauert über Priamus, verklagt Turnus, entschuldigt Dido, preist Achates, und endlich, indem er *verbum verbo reddit* und wilde Synonymien aufthürmt, *nihil divinum a se alienum putat,* ist er so aufgeblasen, wenn er vom Katheder heruntersteigt, als hätte er Himmelreiche geordnet, Senate geregelt, Heere gebändigt, Welten reformirt; ist er sicher, dass wenn nicht die Ungerechtigkeit der Zeit wäre, er in Wirklichkeit das thun würde, was er in seiner Meinung thut. *O tempora, o mores!* Wie selten sind diejenigen, welche die Natur der Participia, der Adverbia, der Conjunctiones verstehen! Wie viel Zeit hat es gekostet, bis die Art und der wahre Grund gefunden wurde, wie das Adjectivum mit dem Substantivum übereinstimmen, das Relativum sich nach dem richten muss, worauf es sich bezieht, und nach welcher Regel es jetzt vorn, jetzt hinter dem Satze steht, nach welchen Maassen, welchen Ordnungen die Interjectiones eingestreut werden, die, welche Trauer, die, welche Freude ausdrücken: heu, oh, ah, ach, hem, ohe, hui und andere Würzen, ohne welche alle menschliche Rede höchst fade sein würde.

ELITROPIO. Sagt was ihr wollt, denkt wie es euch beliebt! Ich sage, dass es für das Glück des Lebens besser ist, sich Crösus zu dünken und arm zu sein, als sich arm zu dünken und Crösus zu sein. Ist es nicht zuträglicher für das Wohlbefinden, eine Vettel zu haben, die dir schön scheint und dich befriedigt, als eine Léda, eine Helena, die dich langweilt und dir zum Ekel wird? Was verschlägt es also jenen, dass sie geistlos und mit Werthlosem beschäftigt sind, wenn sie um so glücklicher sind, je mehr sie sich ganz allein gefallen? So gut thut frisches Gras dem Esel, Gerste dem Pferd, wie mit Dreck beschmiertes Brot dem Rebhuhn. So wohl ist der Sau bei Eicheln und Trank, wie einem Zeus bei Ambrosia und Nektar. Wollt ihr jene vielleicht aus ihrem süssen Wahne reissen, dass sie euch nachher für eure Bemühung den Hals brechen müssten? Ueberdies – wer weiss, ob dies oder jenes Narrheit ist? Ein Pyrrhonianer würde sagen: Wer weiss, ob unser Zustand der Tod und der Zustand derer die wir abgeschieden nennen, das Leben ist? So auch – wer weiss, ob nicht alles Glück und alle Seligkeit in der richtigen Verbindung und Aufeinanderfolge der Satzglieder besteht?

ARMESSO. So ist die Welt! Wir machen den Demokrit über die Pedanten und Sprachkünstler; die vielgeschäftigen Männer der Praxis machen den Demokrit über uns; die Mönche und Priester, die sich wenig mit Gedanken plagen, demokritisiren über alle. Und umgekehrt machen die Pedanten sich über uns, wir uns über die Männer von Welt, alle sich über die Mönche lustig, und schliesslich, indem immer der eine der Narr des andern ist, möchte es sich zeigen, dass wir alle verschieden sind *in specie,* aber gleichartig *in genere, numero et casu.*

FILOTEOFILO. Verschieden sind deshalb die Gattungen und Arten der Bannstrahlen, mannigfaltig ihre Grade; aber die schärfsten, strengsten, schrecklichsten und entsetzlichsten werden von unseren Erzschulmeistern geschleudert. Darum lasst uns vor ihnen die Kniee beugen, das Haupt neigen, die Augen verdrehen und die Hände emporheben, seufzen, weinen, schreien und um Gnade flehen. So wende ich mich denn an euch, die ihr den Heroldstab des Mercurs in Händen tragt, um die Controversen zu entscheiden, die Probleme zu determiniren, die unter Sterblichen und Göttern auftauchen. Euch empfehlen wir unsere Prosa, eurem Urtheil unterwerfen wir unsere

Musen, unsere Prämissen, Subsumptionen, Digressionen, Parenthesen, Applicationen, Clauseln, Perioden, Constructionen, Attribute und Epitheta. O ihr lieblichsten Wassermänner, die ihr mit euren zierlichen Floskeln uns den Geist entrückt, das Herz fesselt, den Sinn bezaubert, haltet unseren Barbarismen die gute Absicht zugute, renkt unsere Sprachfehler wieder ein, beschneidet unsere Makrologien, flickt unsere Ellipsen aus, zäumt unsere Tautologien, mässigt unsere Akribologien, verzeiht unsere Aeschrologien, entschuldigt unsre Pleonasmen, vergebt unsern Kakophaten! Ich beschwöre euch alle insgemein und dich insbesondere, du strenger, mürrischer und zornigster Magister Poliinnio, von der wilden Wuth und dem frevlerischen Hass gegen das edle weibliche Geschlecht zu lassen und uns nicht das Schönste zu verscheuchen, was die Welt umfasst und der Himmel mit seinen tausend Augen erblickt! Kehrt um, kehrt um zu uns, besinnt euch, damit ihr seht, dass jener euer Groll nichts ist als ausgesprochener Wahnsinn und fanatische Raserei. Wer ist unsinniger und stumpfsinniger, als der, der das Licht selber nicht sieht? Welche Thorheit kann verächtlicher sein, als um des Geschlechtes willen der Feind der Natur selber sein, gleich jenem barbarischen König von Sarza [Rodomonte], der weil er's von euch gelernt sagt:

> Natur kann nichts vollkommenes gestalten,
> Weil die Natur wird für ein Weib gehalten.

Betrachtet einmal die Wahrheit, erhebt das Auge zum Baume der Erkenntnis des Guten und Bösen; seht den Widerspruch und den Gegensatz zwischen beiden und schaut, was Mann, was Weib ist. Hier der Körper, euer Freund, ein Mann; dort die Seele, eure Feindin, ein Weib! Hier der Wirrwarr männlich, dort die Ordnung weiblich; hier der Schlaf, dort die Wachsamkeit; hier der Stumpfsinn, dort die Erinnerung; hier der Hass, dort die Liebe; hier der Irrthum, dort die Wahrheit; hier der Mangel, dort die Fülle; hier der Orcus, dort die Seligkeit; hier der Pedant Poliinnio, dort die Muse Polyhymnia: kurz, alle Laster, Fehler und Verbrechen sind männlich, alle Tugenden, Vorzüge, Verdienste weiblich. Daher werden Klugheit, Gerechtigkeit, Tapferkeit, Mässigkeit, Schönheit, Erhabenheit, Würde, Gottheit, weiblich benannt, so vorgestellt, so geschildert, so gemalt, und so sind sie auch. Und um diese theoretischen, begrifflichen und grammatikalischen Gründe, wie sie eurer Manier entsprechen, zu lassen, und zu den der Natur, der Wirklichkeit und Praxis entnommenen zu gelangen, muss nicht, um dir den Mund zu stopfen, dieses eine Beispiel genügen, welches dich mit deinen sämtlichen Genossen widerlegt? So finde doch einen Mann, der tüchtiger wäre als die göttliche Elisabeth, die in England regiert! So reich ist sie begabt, so hoch erhaben, so vom Himmel begünstigt, vertheidigt und beschützt, dass alle Worte und Gewalten vergebens sich bemühen, sie zu schädigen. Im ganzen Königreich ist niemand würdiger, niemand heldenmüthiger unter den Edlen, niemand gelehrter unter den Würdenträgern, niemand weiser unter den Staatsmännern. Was sind im Vergleich mit ihr in Rücksicht auf Schönheit, auf Kenntnis der Volks, wie der gelehrten Sprachen, auf Vertrautheit mit Wissenschaften und Künsten, auf Klugheit im Regiment, auf das Glück eines hohen und weit geltenden Ansehens, auf alle anderen Tugenden der Gesittung und Natur die Sophonisben, Faustinen, Semiramis, Dido, Cleopatra und alle anderen, deren sich Italien, Griechenland, Aegypten und andere Länder Europas und Asiens aus vergangenen Zeiten rühmen können! Beweise liefert mir was sie ausgerichtet hat, die glänzenden Erfolge, die das gegenwärtige Jahrhundert nicht ohne edles Staunen anschaut. Ueber Europas Fluren hin fluthet der Tiber zürnend, der Po drohend, der Rhone gewaltthätig, die Seine blutig, die Garonne stürmisch; der Ebro rast, der Tajo wüthet; die Maas strömt ermattet, die Donau unruhig. Sie aber hat durch den Glanz ihrer Augen fünf und mehr Lustren hindurch den grossen Ocean zur Ruhe gebracht, der in beständiger Ebbe und Fluth fröhlich und still in seinen weiten Schoos seine geliebte Themse aufnimmt, die furchtlos und friedlich, sicher und fröhlich ihres Weges zieht und sich durch die wiesenreichen Gestade schlängelt! Um also noch einmal von vorn anzufangen, wie...

ARMESSO. Schweig, schweig, Filoteo! Bemühe dich nicht, Wasser in unsern Ocean und Licht in unsere Sonne zu tragen! Lass ab, verzückt, um nichts schlimmeres zu sagen, zu erscheinen, indem du mit den Poliinnios disputirst, die gar nicht da sind. Theile uns lieber ein wenig mit von den Gesprächen, die du da bei dir hast, damit wir diesen Tag und diese Stunde nicht müssig verbringen!

FILOTEOFILO. Nehmet hin und leset!

Zweiter Dialog

Personen: Dicson. Gervasio. Teofilo. Poliinnio.

DICSON. Um Vergebung, Magister Poliinnio, und du, Gervasio, unterbrecht nicht ferner unsere Gespräche!

POLIINNIO. Fiat; so geschehe es.

GERVASIO Wenn der Herr Magister spricht, so kann ich noch sicher nicht schweigen.

DICSON. Ihr behauptet also, Teofilo, jegliches, was nicht selbst oberstes Princip und oberste Ursache ist, das habe ein Princip und eine Ursache?

TEOFILO Ohne allen Zweifel und alle Widerrede.

DICSON. Meint ihr also, derjenige, welcher die von der Ursache und dem Princip gesetzten Dinge kennt, kenne auch die Ursache und das Princip selber?

TEOFILO. Nicht leicht die nächste Ursache und das nächste Princip, aber äusserst schwer auch nur eine Spur von der obersten Ursache und dem obersten Princip.

DICSON. Wie denkt ihr euch denn, dass die Dinge, welche eine oberste und eine nächste Ursache, ein oberstes und ein nächstes Princip haben, wahrhaft erkannt werden, wenn sie doch der bewirkenden Ursache nach also einer der Ursachen nach, die zur wirklichen Erkenntnis der Dinge gehören, verborgen sind?

TEOFILO. Es mag leicht sein, über den Beweisgang in der Wissenschaft Theorien aufzustellen; aber das Beweisen selbst ist schwer. Sehr bequem ist es, über die Ursachen, die näheren Umstände und Methoden der Wissenschaften Vorschriften zu geben; aber nachher bringen unsere Methodiker und Analytiker ihre Organons, ihre

methodischen Principien und ihre »Kunst der Künste« höchst
ungeschickt zur Anwendung.

GERVASIO Etwa wie Leute, welche wohl verstehen schöne Schwerter
zu verfertigen, aber nicht sie zu handhaben?

POLIINNIO. Forme!

GERVASIO Verm – aledeit seist du selber mit deinem Mundwerk,
dass du es nie wieder öffnen könntest!

TEOFILO. Ich meine deshalb, es ist von dem Naturphilosophen nicht
zu verlangen, dass er *alle* Ursachen und Principien aufzeige, sondern
nur die physischen, und von diesen auch nur die hauptsächlichen und
jedesmal eigenthümlichen. Freilich sagt man, weil sie von der obersten
Ursache und dem obersten Princip abhängen, dies sei ihre Ursache und
ihr Princip; indessen die Beziehung zwischen ihnen ist doch keine so
enge, dass aus der Erkenntnis des einen auch die Erkenntnis des andern
folgte: und deshalb ist auch nicht zu fordern, dass sie in einer und
derselben Wissenschaft untergebracht werden.

DICSON. Inwiefern das?

TEOFILO. Bedeutet doch die höchste Erkenntnis des obersten Princips
und der obersten Ursache, welche wir aus der Erkenntnis aller
abhängigen Dinge ableiten können, gegen jenes gehalten, immer noch
weniger als eine blosse Spur. Denn das All entspringt aus dem Willen
oder der Güte desselben; diese ist das Princip seines Wirkens, und aus
ihm geht die Gesamtheit aller Wirkungen hervor. Das Gleiche lässt
sich bei Kunstwerken beobachten. Wer die Statue sieht, sieht nicht den
Bildhauer, wer das Bild der Helena sieht, nicht den Apelles, sondern
nur das Product seiner Thätigkeit. Diese entspringt zwar aus der Grösse
seines Genies; dennoch ist dies alles nur eine Wirkung der Accidentien
und Beschaffenheiten an der Substanz jenes Mannes, der, was sein
Wesen an sich anbetrifft, durchaus unerkannt bleibt.

DICSON. Das Universum erkennen hiesse demnach so viel, als von
dem Wesen und der Substanz der obersten Ursache gar nichts

erkennen; es hiesse vielmehr nur: die Accidentien der Accidentien erkennen.

TEOFILO. Ganz recht; aber ich möchte nicht, dass ihr euch einbildetet, ich meinte, in Gott gäbe es Accidentien, oder er könne durch das, was gleichsam Accidenz an ihm ist, erkannt werden.

DICSON. Dazu traue ich euch doch zu viel Verstand zu und weiss wohl, dass es ganz etwas andres ist, sagen, dass jedes Ding, welches aussergöttlicher Natur ist, Accidenz sei, etwas anderes, es sei Accidenz an ihm, etwas anderes, es sei *gleichsam* seine Accidenz. Mit diesem letzten Ausdruck, glaube ich, meint ihr, dass es Wirkungen der göttlichen Thätigkeit sind, welche zwar die Substanz der Dinge, oder vielmehr die natürlichen Substanzen selbst sind, aber wo es darauf ankommt, ums zu einer adäquaten Erkenntnis des göttlichen übernatürlichen Wesens zu verhelfen, doch nur entferntesten Accidenzen gleichen.

TEOFILO. Sehr richtig.

DICSON. Mithin können wir von der göttlichen Substanz gar nichts wissen, sowohl weil sie unendlich, als weil sie von den Wirkungen, welche die äusserste Grenze des Gebietes unseres Verstandesvermögens darstellen, sehr weit entfernt ist; höchstens können wir von ihr nur etwas im Sinne einer Spur erkennen, wie die Platoniker, einer entfernten Wirkung, wie die Peripatetiker, einer Hülle, wie die Cabalisten sagen; wir können ihr gleichsam von hinten nachschauen, nach dem Ausdruck der Talmudisten, oder sie im Spiegel, im Schatten, im Räthsel sehen, nach dem Ausdruck der Theosophen.

TEOFILO. Noch mehr. Weil wir dies Universum, dessen Substanz und hauptsächlicher Inhalt so schwer zu begreifen ist, nicht einmal vollständig übersehen, so erkennen wir das oberste Princip und die oberste Ursache aus ihrer Wirkung noch weit weniger, als Apelles aus den von ihm geformten Gestalten erkannt werden kann: denn diese können wir ganz übersehen und Theil für Theil prüfen, aber nicht so das grosse und unendliche Werk der göttlichen Macht.

Deshalb darf man auch bei dem von uns gebrauchten Bilde die Analogie nur mit Einschränkung verstehen.

DICSON. Ganz recht; grade so verstehe ich es auch.

TEOFILO. Es wird also gut sein, sich des Sprechens von einem so hohen Gegenstande zu enthalten.

DICSON. Das meine ich auch, weil es für Moral und Theologie genügt, das oberste Princip so weit zu erkennen, als die höheren Mächte es uns offenbart und die gottgesandten Männer es uns verkündigt haben. Ueberdies lehrt nicht nur jedes Gesetz und jede Theologie, sondern auch jede gesunde Philosophie, dass es das Zeichen eines ungeweihten und unbesonnenen Geistes ist, über jene Dinge, die über die Sphäre unserer Vernunft hinausliegen, in maassloser Unbesonnenheit Untersuchungen anzustellen und sich feste Begriffe darüber bilden zu wollen.

TEOFILO. Gut; aber so tadelnswerth diese sind, diejenigen verdienen gleichwohl das höchste Lob, welche sich um die Erkenntnis dieses Princips und dieser Ursache bemühen, um seine Grosse zu erfassen, so weit es möglich ist, indem sie mit den Blicken eines maassvoll geordneten Gemüthes jene prächtigen Gestirne und flammenden Körper überschauen, welche ebensoviele bewohnte Welten, gewaltige Organismen, herrliche Gottheiten sind und welche unzählbare Welten zu sein scheinen und wirklich sind, ganz ähnlich derjenigen, welche uns umschliesst. Sie können unmöglich das Sein von sich selber haben, weil sie ja zusammengesetzt und zerstörbar sind, wenn sie auch, wie im Timaeus gut bemerkt ist, nicht gerade deshalb unterzugehen verdienen. Sie müssen also nothwendig das Princip und die Ursache erkennen und folglich mit der Grösse ihres Seins, Lebens und Wirkens im unendlichen Raum mit unzähligen Stimmen die unendliche Herrlichkeit und Majestät ihres obersten Princips und ihrer obersten Ursache bezeugen und verkündigen. Wir unterlassen also eurer Meinung entsprechend diese Untersuchung, sofern sie über jeden Sinn und Verstand hinaus geht, und wollen vom Princip und der Ursache handeln, sofern die Natur entweder selber ihre Spur ist oder sie doch in ihrem Umfange und Schoosse wiederstrahlt. Ihr also fragt mich in rechter Ordnung, wenn ihr wollt, dass ich euch in rechter Ordnung antworten soll.

DICSON. So sei's. Aber zuerst möchte ich, weil ihr Ursache und Princip zu sagen pflegt, wissen, ob ihr diese beiden Wörter in gleicher Bedeutung gebraucht?

TEOFILO. Nein.

DICSON. Mit welchem Unterschiede also?

TEOFILO. Wenn wir Gott oberstes Princip und wenn wir ihn oberste Ursache nennen, so meinen wir eine und dieselbe Sache in verschiedener Beziehung; wenn wir aber von Principien und Ursachen in der Natur sprechen, so meinen wir verschiedene Dinge in verschiedenen Beziehungen. Wir nennen Gott oberstes *Princip*, insofern alle Dinge nach bestimmter Reihenfolge des früher und später, oder nach Natur, Dauer, Würdigkeit ihm nachstehen. Wir nennen Gott erste *Ursache*, insofern alle Dinge von ihm unterschieden sind wie die Wirkung vom Wirkenden, das Hervorgebrachte vom Hervorbringenden. Diese beiden Bedeutungen nun sind deshalb verschieden, weil nicht jedes Ding, welches höher steht und werthvoller ist, die Ursache des niedriger stehenden und werthloseren ist, und weil nicht jedes Ding, welches Ursache ist, zeitlich früher und werthvoller ist, als das Verursachte, wie man bei näherer Ueberlegung leicht einsieht.

DICSON. Nun erklärt euch doch auch über den Unterschied zwischen Ursache und Princip bei Gegenständen der Natur.

TEOFILO. Zuweilen wird wohl der eine Ausdruck statt des anderen gebraucht; nichtsdestoweniger ist in strengem Sprachgebrauch nicht jedes, was Princip ist, auch Ursache. So ist der Punkt wohl Princip der Linie, aber nicht ihre Ursache; der Augenblick wohl das Princip der Thätigkeit, der *Terminus a quo* das Princip der Bewegung, und doch nicht ihre Ursache; die Vordersätze sind das Princip des Beweisverfahrens, aber nicht seine Ursache; Princip ist also ein umfassenderer Ausdruck als Ursache.

DICSON. Indem ihr die beiden Ausdrücke, wie Freunde eines strengen Sprachgebrauchs pflegen, auf bestimmte eigentliche Bedeutungen beschränkt, so wollt ihr, verstehe ich euch recht, dass dasjenige als *Princip* gelte, was innerlich zu der wesentlichen Erzeugung der Sache beiträgt und in dem Product vorhanden bleibt, z.B. Materie und Form, die in dem aus ihnen Zusammengesetzten vorhanden bleiben, oder auch die Elemente, aus denen das Ding sich zusammensetzt, und in die es sich wieder auflöst; *Ursache* dagegen nennt ihr das, was äusserlich zur Hervorbringung des Dinges beiträgt, sein Wesen aber ausserhalb der Zusammensetzung hat, wie die bewirkende Ursache und der Zweck, auf den es bei dem Hervorgebrachten abgesehen ist.

TEOFILO. Ganz richtig.

DICSON. Da wir nun über diesen Unterschied klar sind, so wünsche ich, dass ihr eure Aufmerksamkeit erst auf die Ursachen und dann auf die Principien richtet, und was die Ursachen anbetrifft, so möchte ich zunächst von der ersten bewirkenden Ursache, von der Formursache, welche, wie ihr sagt, mit der bewirkenden verbunden ist, demnächst von der Zweckursache hören, welche man als diejenige betrachtet, die jene in Bewegung setzt.

TEOFILO. Euer Vorschlag für den Gang der Untersuchung sagt mir sehr zu. Was nun die bewirkende Ursache betrifft, so halte ich für die physische allgemeine bewirkende Ursache die allgemeine Vernunft, das oberste und hauptsächlichste Vermögen der Weltseele, welche des Weltalls allgemeine Form ist.

DICSON. Das scheint der Meinung des Empedokles zu entsprechen, aber zugleich sicherer, deutlicher und reicher entwickelt, und überdies, soviel die blosse Benennung erkennen lässt, tiefer zu sein. Ihr werdet uns also einen Gefallen thun, wenn ihr die Grundansicht im einzelnen durchführen wollt, und zuerst sagt, was jene universelle Vernunft sei.

TEOFILO. Die universelle Vernunft ist das Innerste, wirklichste und eigenste Vermögen und der Theil der Weltseele, der ihre Macht bildet. Sie ist ein Identisches, welches das All erfüllt, das Universum erleuchtet und die Natur unterweist, ihre Gattungen, so wie sie sein

sollen, hervorzubringen. Sie verhält sich demnach zur Hervorbringung
der Dinge in der Natur, wie unsere Vernunft sich zur entsprechenden
Hervorbringung der sinnvollen Gestalten verhält. Sie wird von den
Pythagoreern der Beweger und Erreger des Universums genannt, wie
der Dichter es in den Worten ausdrückt:
.... Durch alle Glieder ergossen,
Treibt die Vernunft die Masse des Alls
 und durchdringet den Körper.

Von den Platonikern wird sie der Weltbaumeister genannt. Dieser
Baumeister, sagen sie, tritt aus der höheren Welt, welche völlig *eins* ist,
in diese sinnliche Welt hinüber, welche in die Vielheit zerfallen ist, wo
wegen der Trennung der Theile nicht nur die Freundschaft, sondern
auch die Feindschaft herrscht. Diese Vernunft bringt alles hervor,
indem sie, selbst sich ruhig und unbeweglich erhaltend, etwas von dem
ihrigen in die Materie eingiesst und ihr zutheilt. Sie wird von den
Magiern der fruchtbarste der Samen, oder auch der Säemann genannt;
denn sie ist es, welche die Materie mit allen Formen erfüllt, sie nach
der durch die letzteren gegebenen Weise und Bedingung gestaltet und
mit jener Fülle bewunderungswürdiger Ordnungen durchwebt, die
nicht dem Zufall noch sonst einem Princip zugeschrieben werden
können, welches nicht zu scheiden und zu ordnen verstände. Orpheus
nennt sie das Auge der Welt, weil sie die Dinge in der Natur innerlich
und äusserlich überschaut, damit alles nicht bloss innerlich, sondern
auch äusserlich sich in dem ihm eigenthümlichen Ebenmaasse erzeuge
und erhalte. Von Empedokles wird sie der Unterscheider genannt, weil
sie niemals müde wird, die ordnungslos durcheinandergeworfenen
Formen in dem Schoosse der Materie zu sondern und aus dem
Untergang des einen das andere sich erzeugen zu lassen. Plotin nennt
sie den Vater und Urzeuger, weil sie die Samen auf dem Gefilde der
Natur verstreut und der nächste Austheiler der Formen ist. Wir nennen
sie den inneren Künstler, weil sie die Materie formt und von innen
heraus gestaltet, wie sie aus dem Innern des Samens oder der Wurzel
den Stamm hervorlockt und entwickelt, aus dem Innern des Stammes
die Aeste treibt, aus dem Innern der Aeste die Zweige gestaltet, aus
dem Innern dieser die Knospen bildet, von innen heraus wie aus einem
innern Leben die Blätter, Blüthen, Früchte formt, gestaltet und
verflicht, und von innen wieder zu bestimmten Zeiten die Säfte aus

Laub und Früchte in die Zweige, aus den Zweigen in die Aeste, aus den Aesten in den Stamm, aus dem Stamm in die Wurzel zurückleitet. Und ebenso bei den Thieren. Da entfaltet sie ihr Werk aus dem ursprünglichen Samen und aus dem Centrum des Herzens bis in die äusseren Gliedmaassen, und indem sie die entfalteten Vermögen zuletzt wieder aus diesen nach dem Herzen zu sammelt, wirkt sie gerade, als wäre sie schon dahin gelangt, die aufgespannten Fäden wieder aufzuwickeln. Wenn wir nun glauben, dass das tote Gebilde nicht ohne Einsicht und Vernunft hervorgebracht wird, welches wir nach bestimmtem Plane nachahmend auf der Oberfläche der Materie hervorzubringen verstehen, indem wir etwa ein Holz schälend und schnitzend das Bild eines Pferdes zu Stande bringen: wie viel grösser müssen wir uns die Vernunft desjenigen Künstlers vorstellen, der aus dem Innern der samenartigen Materie heraus das Knochengerüste aufbaut, die Knorpel spannt, die Röhrchen der Adern aushöhlt, die Poren mit Luft füllt, das Gewebe der Fasern, die Verzweigung der Nerven her stellt und mit so bewundernswürdiger Meisterschaft das Ganze ordnet? Ein wie viel grösserer Künstler, sage ich, ist der, welcher nicht an einen einzelnen Theil der Materie gebunden ist, sondern fortwährend alles in allem wirkt? Es giebt drei Arten der Vernunft: die göttliche Vernunft, welche alles *ist*; die eben besprochene Vernunft der Welt, welche alles *macht*; die Vernunft der einzelnen Dinge, welche alles *wird*. Denn zwischen den Extremen muss es dieses Mittlere geben, welches aller Dinge in der Natur wahre bewirkende Ursache und nicht bloss äusserliche, sondern auch innerliche Ursache ist.

DICSON. Ich möchte, ihr unterschiedet, in welchem Sinne ihr sie als äussere und in welchem als innere Ursache bezeichnet.

TEOFILO. Ich nenne sie äussere Ursache, sofern sie als hervorbringende nicht ein Theil der Zusammensetzung und der hervorgebrachten Dinge ist; sie ist inwendige Ursache, sofern sie nicht auf die Materie und ausser ihr wirket, sondern so, wie ich eben dargelegt habe. Daher ist sie äussere Ursache durch ihr von der Substanz und Wesenheit des Gewirkten unterschiedenes Sein, weil also ihr Sein nicht gleich dem von erzeugbaren und zerstörbaren Dingen ist, wenn sie auch in denselben thätig ist: innerliche Ursache ist sie in Bezug auf die Wirkungsform ihrer Thätigkeit.

DICSON. Was ihr von der *bewirkenden* Ursache gesagt habt, scheint zu genügen; nun möchte ich weiter von der *formalen* Ursache hören, welche eurer Meinung nach mit der bewirkenden in Verbindung steht. Ist sie vielleicht der ideale Begriff? Denn jedes Wirkende, welches nach vernünftigen Gesetzen thätig ist, tritt in Wirksamkeit nicht anders, als nach einer Absicht; diese aber giebt es nicht ohne Vorstellung eines Dinges, und diese wieder ist nichts anders als die Form des hervorzubringenden Dinges selber. Deshalb muss diese Vernunft, welche das Vermögen hat, alle Gattungen hervorzubringen und sie in so herrlichem Aufbau aus dem Vermögen der Materie zur Wirklichkeit hervorzulocken, nothwendig schon vorher alle in bestimmtem formalem Begriff in sich haben. Ohne sie könnte das Wirkende eben so wenig zu seiner Thätigkeit gelangen, wie es dem Bildhauer möglich ist, verschiedene Statuen auszuführen, ohne zuvor verschiedene Gestalten ersonnen zu haben.

TEOFILO. Ihr zeigt ein vortreffliches Verständnis. Aus diesem Grunde eben will ich, dass man zwei Arten von Formen ins Auge fasse: die eine, welche zwar Ursache ist, aber nicht schon die bewirkende Ursache selber, sondern die, um deren willen die bewirkende thätig ist; die andere das Princip, welches durch die bewirkende Ursache aus der Materie zur Thätigkeit erweckt wird.

DICSON. Der Zweck und die Endursache, welche sich die bewirkende vorsetzt, ist die Vollkommenheit des Universums, und diese besteht darin, dass in den verschiedenen Theilen der Materie alle Formen actuelle Existenz haben. An diesem Kiele ergötzt und erfreut sich die Vernunft so sehr, dass sie niemals müde wird, alle Arten von Formen aus der Materie hervorzulocken. So lehrt, wie es scheint, auch Empedokles.

TEOFILO. Sehr richtig; und ich füge hinzu, dass so wie die bewirkende Ursache im All als allgemeine und in den Theilen und Gliedern des Alls als specielle und besondere erscheint, eben so auch ihre Form und ihr Zweck sich darstellt.

DICSON. Von den Ursachen mag dies genügen; gehen wir weiter zu
den Principien.

TEOFILO. Um also zu den die Dinge constituirenden Principien zu
kommen, will ich zuvor von der *Form* reden, weil sie in gewisser
Weise mit der schon genannten bewirkenden Ursache identisch ist;
denn die Vernunft, welche ein Vermögen der Weltseele ist, ist die
nächste bewirkende Ursache aller Dinge in der Natur genannt worden.

DICSON. Aber wie kann eines und dasselbe Princip und Ursache der
Dinge in der Natur sein? Wie kann es zugleich wie ein innerer und wie
ein äusserer Theil sich verhalten?

TEOFILO. Ich antworte, dass darin nichts widersprechendes liegt,
wenn man nur erwägt, dass die Seele im Leibe ist, wie der Steuermann
im Schiff. Der Steuermann, sofern er sich mit dem Schiffe zugleich
bewegt, ist ein Theil desselben; aber bedenkt man weiter, dass er es
lenkt und bewegt, so denkt man ihn nicht als einen Theil, sondern als
ein vom Ganzen unterschiedenes Wirkendes. So ist die Weltseele,
insofern sie belebt und gestaltet, der inwendige und formale Theil der
Welt; aber sofern sie leitet und regiert, ist sie nicht ein Theil der Welt
und verhält sich zu ihr nicht wie ein Princip, sondern wie eine Ursache.
Dies gesteht uns Aristoteles selber zu. Denn, obwohl er bestreitet, dass
die Seele dasselbe Verhältnis zum Leibe habe, wie der Steuermann
zum Schiffe, so wagt er dennoch in Erwägung ihres Vermögens zu
verstehen und zu begreifen keineswegs, sie schlechtweg einen Actus
und eine Form ihres Leibes zu nennen, sondern als ein seinem Wesen
nach von der Materie getrenntes Agens nennt er sie etwas, was von
aussen hinzutritt, sofern ihre Substanz von dem Zusammengesetzten
völlig verschieden ist.

DICSON. Ich stimme dem ganz zu. Denn wenn es dem intellectuellen
Vermögen unserer Seele zu kömmt, etwas vom Körper getrenntes zu
sein und sich wie die bewirkende Ursache zu verhalten, so muss dies
noch viel mehr von der Weltseele gelten. Deshalb bemerkt Plotin in
der Schrift gegen die Gnostiker, dass die Weltseele das Universum mit
grösserer Leichtigkeit regiert, als unsere Seele unseren Leib. Sodann ist
ein grosser Unterschied zwischen der Art und Weise, mit welcher diese
und mit welcher jene regiert. Jene lenkt die Welt, nicht als wäre sie an

sie gefesselt, sondern so, dass sie durch das, was sie beherrscht, *selbst* nicht gebunden wird; sie leidet nicht von andern Dingen, noch mit andern Dingen; sie erhebt sich ohne Hindernis zu den oberen Dingen. Indem sie ihrem Leibe Leben und Vollkommenheit verleiht, nimmt sie doch von ihm keinerlei Unvollkommenheit an und ist deshalb ewig mit einem und demselben Gegenstande verbunden. Dagegen ist diese offenbar von entgegengesetzter Beschaffenheit. Wenn nun euren Grundsätzen nach die Vollkommenheiten, welche in den niederen Naturen vorhanden sind, den höheren Naturen in erhabnerer Weise zugeschrieben und in ihnen wiedererkannt werden müssen, so müssen wir ohne Zweifel den von euch gemachten Unterschied gelten lassen. Und nicht nur in Bezug auf die Weltseele findet es seine Bestätigung, sondern auch in Bezug auf jedes der Gestirne, die wie der oben genannte Philosoph lehrt, alle das Vermögen haben, Gott, die Principien aller Dinge und die Ordnung aller Theile des Weltalls zu schauen. Und zwar nimmt er an, dass dies nicht in der Form des Gedächtnisses, des Verstandes und der Ueberlegung geschehe. All ihr Wirten ist vielmehr ein ewiges Wirken, und es giebt für sie kein neues Thun. Deshalb thun sie nichts, was nicht dem Ganzen angemessen, vollkommen, in bestimmter und zum voraus festgesetzter Ordnung geschähe ohne einen Act des Nachdenkens. Aristoteles führt dafür das Beispiel eines vollkommenen Schreibers und Citherspielers an, indem er den Nachweis führen will, dass man der Natur nicht deshalb Vernunft und Endabsicht absprechen dürfe, weil sie keine Erwägungen und Ueberlegungen anstellt. Denn ein ausgebildeter Musiker und Schreiber braucht, ohne deshalb Fehler zu begehen, weniger auf das, was er thut, aufzumerken, als ein minder geschickter und minder geübter, der mit grösserer Spannung und Aufmerksamkeit seine Arbeit doch weniger vollkommen und nicht ohne Fehler zu Stande bringt.

TEOFILO. Ganz richtig. Lass uns nun mehr ins Einzelne eingehen. Die göttliche Vortrefflichkeit und Herrlichkeit dieses gewaltigen Organismus, dieses Abbildes des obersten Princips, scheinen mir diejenigen zu beeinträchtigen, welche nicht einsehen noch anerkennen wollen, dass die Welt mit ihren Gliedern belebt ist; als ob Gott sein Abbild beneidete, der Baumeister sein herrliches Werk nicht liebte, welcher nach Plato's Ausdruck an seinem Werke Wohlgefallen hatte wegen der Aehnlichkeit mit sich, die er in ihm erblickte. Und fürwahr, was kann sich den Augen der Gottheit Schöneres darbieten als dieses Universum?

Und wenn dasselbe aus seinen Theilen besteht, welchen von ihnen muss man höher stellen, als das formale Princip? Ich überlasse einer besseren und mehr ins einzelne gehenden Auseinandersetzung tausend aus der Physik entnommene Gründe neben diesen, die der Topik und Logik angehören.

DICSON. Meinethalb braucht ihr euch damit nicht zu bemühen. Giebt es doch keinen Philosophen von einigem Rufe, selbst unter den Peripatetikern, der sich nicht das All und seine Sphären in gewisser Weise als beseelt dächte. Jetzt möchte ich lieber eure Ansicht darüber hören, auf welche Weise diese Form sich in die Materie des Universums einsenkt.

TEOFILO. Sie verbindet sich mit ihr so, dass die Natur des Körpers, welche an sich nicht schön ist, nach dem Maasse ihrer Fähigkeit an ihrer Schönheit theilnimmt; denn es giebt keine Schönheit, die nicht in einer gewissen Gestalt oder Form bestände, und keine Form, die nicht von der Seele hervorgebracht wäre.

DICSON. Ich glaube da etwas sehr neues zu hören. Ist es etwa eure Meinung, dass nicht nur die Form des Universums, sondern die Formen aller Dinge in der Welt seelenhaft seien?

TEOFILO. Ja.

DICSON. Also sind alle Dinge beseelt?

TEOFILO. Ja.

DICSON. Wer wird euch das zugeben?

TEOFILO. Wer wird es mit Grund verneinen können?

DICSON. Es ist allgemeine Meinung, dass nicht alle Dinge belebt sind.

TEOFILO. Die allgemeinere Meinung ist nicht auch die wahrere Meinung.

DICSON. Ich glaube gern, dass sich der Satz vertheidigen lässt. Aber um etwas für wahr gelten zu lassen, genügt es nicht, dass es sich allenfalls vertheidigen lasse: es muss vielmehr bewiesen werden können.

TEOFILO. Das ist nicht schwer. Giebt es nicht Philosophen, welche behaupten, dass die Welt selber beseelt sei?

DICSON. Gewiss, viele und sehr bedeutende.

TEOFILO. Nun, warum sollten dieselben nicht auch behaupten, dass alle Theile der Welt beseelt sind?

DICSON. Gewiss, sie behaupten es auch, aber nur von den hauptsächlichsten Theilen und denen, welche wahrhafte Theile der Welt sind; behaupten sie doch, dass die Weltseele gerade ebenso ganz in der ganzen Welt und ganz in jedem beliebigen Theile derselben ist, wie die Seele der uns wahrnehmbaren lebenden Wesen in jedem Theile derselben ganz ist.

TEOFILO. Von welchen meint ihr denn aber, dass sie nicht wahrhafte Theile der Welt sind?

DICSON. Diejenigen, welche nicht, wie die Peripatetiker sagen, »erste Körper« sind, in dem Sinne, wie es z.B. die Erde ist mit ihren Gewässern und ihren übrigen Bestandtheilen, die eurem Ausdrucke nach wesentliche Theile ihres Organismus sind, oder wie der Mond, die Sonne und andere Körper. Ausser diesen hauptsächlichsten beseelten Wesen giebt es andere, welche keine ursprünglichen Theile des Universums sind, und von denen man den einen eine vegetative, den andern eine empfindende, wieder andern eine vernünftige Seele zuschreibt.

TEOFILO. Aber wenn die Seele deshalb, weil sie im Ganzen ist, auch in den Theilen sein muss, warum gebt ihr nicht zu, dass sie auch in den Theilen der Theile sei?

DICSON. Ich will es zugeben, aber nur in den Theilen der Theile der beseelten Dinge.

TEOFILO. Welche sind nun jene Dinge, die nicht beseelt oder keine Theile von beseelten Dingen sind?

DICSON. Scheint es euch wirklich, dass wir so wenige dieser Art vor Augen haben? Alle Dinge, welche ohne Leben sind.

TEOFILO. Und welches sind die Dinge, welche kein Leben und nicht zum wenigsten ein Lebensprincip haben?

DICSON. Um zum Schlüsse zu kommen: nehmt ihr denn an, dass es überhaupt kein Ding gebe, welches keine Seele, und nicht zum wenigsten ein Princip und einen Keim des Lebens in sich hätte?

TEOFILO. Das gerade ist es, was ich ohne allen Abzug will.

POLIINNIO. Also ein todter Leichnam hat noch eine Seele? Also meine Schuhe, meine Pantoffeln, meine Stiefel, meine Sporen, mein Fingerring und meine Handschuhe sollen beseelt sein? Mein Rock und mein Mantel sind beseelt?

GERVASIO. Ja, lieber Herr, ja, Magister Poliinnio; warum denn nicht? Ich glaube gewiss, dass dein Rock und dein Mantel beseelt ist, weil ein Thier wie du darin steckt; Stiefel und Sporen sind beseelt, weil sie die Füsse umschliessen; der Hut ist beseelt, weil er den Kopf umschliesst, der doch wohl nicht ohne Seele ist; und der Stall ist auch beseelt, wenn das Pferd, das Maulthier oder auch eure Herrlichkeit darin sind. Versteht ihr es nicht so, Teofilo? Scheint euch nicht, dass ich euch besser verstanden habe, als der *dommus magister?*

POLIINNIO. *Cujum pecus?* Es giebt doch wirklich über und über spitzfindige Esel! Bist du so frech, da Gelbschnabel, du A-b-c-Schütz, dich mit einem Schulhaupt und Leiter einer Werkstätte der Minerva, wie ich bin, zu vergleichen?

GERVASIO. Friede sei mit euch, o Herr Magister! Ich bin der Knecht deiner Knechte, der Schemel deiner Füsse!

POLIINNIO. Verdamme dich Gott von Ewigkeit zu Ewigkeit!

DICSON. Keinen Zank! Ueberlasst es uns, diese Sachen auszumachen.

POLIINNIO. So möge denn Teofilo im Vertrag seiner Dogmate fortfahren!

TEOFILO. Das will ich thun. Ich sage also, dass der Tisch als Tisch, das Kleid als Kleid, das Leder als Leder, das Glas als Glas allerdings nicht belebt ist. Aber als natürliche und zusammengesetzte Dinge haben sie in sich Materie und Form. Das Ding sei nun so klein und winzig wie es wolle, es hat in sich einen Theil von geistiger Substanz, welche, wenn sie das Substrat dazu angethan findet, sich danach streckt, eine Pflanze, ein Thier zu werden, und sich zu einem beliebigen Körper organisirt, welcher gemeinhin beseelt genannt wird. Denn Geist findet sich in allen Dingen, und es ist auch nicht das kleinste Körperchen, welches nicht einen ausreichenden Antheil davon in sich fasste, um sich beleben zu können.

POLIINNIO. So wäre denn alles, was ist, animalisch?

TEOFILO. Nicht alle Dinge, welche eine Seele haben, heissen auch animalische Wesen.

DICSON. So haben doch wenigstens alle Dinge Leben?

TEOFILO. Ich gebe zu, dass alle Dinge in sich eine Seele, dass sie Leben haben der Substanz nach, freilich nicht der Thatsache und der Wirklichkeit nach dem Sinne, wie sie alle Peripatetiker und diejenigen fassen, die vom Leben und von der Seele gewisse allzu grobsinnliche Definitionen geben.

DICSON. Ihr zeigt, wie man mit Wahrscheinlichkeit die Ansicht des Anaxagoras aufrecht erhalten könne, welcher annahm, dass jegliches in jeglichem sei; denn wenn der Geist oder die Seele oder die universale Form in allen Dingen ist, so kann sich alles aus allem erzeugen.

TEOFILO. Nicht bloss mit Wahrscheinlichkeit, sondern in voller Gewissheit. Denn dieser Geist findet sich in allen Dingen. Sind sie nicht lebendig, so sind sie doch beseelt; sind sie nicht der Wirklichkeit nach für Beseeltheit und Leben empfänglich, so sind sie es doch dem Princip und einem gewissen primären Act von Beseeltheit und Leben nach. Mehr sage ich nicht; ich will nicht weiter auf die Eigenschaft vieler Krystalle und Edelsteine eingehen, welche zerbrochen und zerschnitten und in unregelmässige Stücke zerteilt, gewisse Kräfte haben, den Geist umzustimmen und neue Affecte und Begierden in der Seele, nicht bloss im Körper hervorzubringen. Nun wissen wir, dass solche Wirkungen nicht aus rein materiellen Eigenschaften hervorgehen, noch hervorgehen können, sondern nothwendig sich auf ein auf Belebtheit und Beseeltheit hindeutendes Princip beziehen. Wir sehen dasselbe ferner deutlich an erstorbenen Kräutern und Wurzeln, welche die Feuchtigkeiten reinigend und sammelnd, die Geister umstimmend, offenbare Lebenswirkungen zeigen. Ich übergehe, dass – und nicht ohne Grund – die Nekromanten viele Dinge durch Todtengebeine zu bewirken hoffen, und dass sie glauben, dieselben behielten, wenn auch nicht dieselbe, doch eine Art von Lebensfunction, welche ihnen zu jenen ausserordentlichen Wirkungen verhelfen könne. Anderswo werde ich Anlass haben, ausführlicher über den Verstand, den Geist, die Seele, das Leben zu reden, das alles durchdringt, in allem ist und die ganze Materie bewegt, ihren Schooss erfüllt und sie wohl bewältigt, aber nicht von ihr bewältigt wird; kann doch die geistige Substanz nimmer von der materiellen überwunden werden, sondern hält vielmehr diese in Schranken.

DICSON. Das scheint mir nicht nur der Meinung des Pythagoras zu entsprechen, die der Dichter wiedergiebt, wenn er sagt:
Himmel und Erde von Anfang her und die feuchten Gefilde,
Dich auch, strahlendes Rund des Monds, dich, leuchtende Sonne,
Innen belebt ein Geist, und durch die Glieder ergossen
Ist's die Vernunft, die die Masse bewegt und das Ganze durchdringet,

sondern auch der Meinung des Gottesgelehrten, welcher sagt: »Der Geist durchdringt und erfüllt die Erde, und er ist es, der das All umfasst.« Und ein andrer, vielleicht von dem Verhältnis der Form zu der Materie und der Potenz sprechend, sagt, dass diese von dem Actus und von der Form überwältigt wird.

TEOFILO. Wenn also Geist, Seele, Leben sich in allen Dingen vorfindet und in gewissen Abstufungen die ganze Materie erfüllt, so ist der Geist offenbar die wahre Wirklichkeit und die wahre Form *aller* Dinge. Die Weltseele ist also das constituirende Formalprincip des Universums und dessen, was es enthält; d.h. wenn das Leben sich in allen Dingen findet, so ist die Seele Form aller Dinge; sie ist überall die ordnende Macht für die Materie und herrscht in dem Zusammengezetzten; sie bewirkt die Zusammensetzung und den Zusammenhalt der Theile. Und deshalb scheint es, dass dauerndes Bestehen ebensowohl dieser Form als der Materie zukommt. Jene verstehe ich als in allen Dingen eine; doch bringt sie je nach den Unterschieden in der Empfänglichkeit der Materie und dem Vermögen der thätigen und leidenden materiellen Principien verschiedene Gestaltungen hervor und bewirkt verschiedene Vermögen, hier blosse Lebensäusserung ohne Empfindung, dort Lebensäusserung mit Empfindung, aber ohne Vernunft; dort wieder scheint es, als habe sie alle diese Vermögen unterdrückt und zurückgedrängt, sei es wegen der Unfähigkeit der Materie oder aus einem anderen in derselben liegenden Grunde. Während diese Form so ihren Sitz und ihre wechselnde Gestalt ändert, kann sie unmöglich zu nichte werden, weil der geistigen Substanz nicht weniger dauerndes Sein zukommt als der materiellen. Also nur die äusseren Formen wechseln und werden sogar vernichtet, weil sie nicht Dinge, sondern an den Dingen, keine Substanzen, sondern an den Substanzen Accidenzien und Bestimmungen sind.

POLIINNIO. *Non entia, sed entium.*

DICSON. Gewiss; wenn irgend etwas von den Substanzen zunichte würde, so würde die Welt sich entleeren.

TEOFILO. Wir haben also ein immanentes Formprincip, welches ewig und für sich bestehend unvergleichlich besser ist als das, welches die

Sophisten ersonnen haben, welche von der Substanz der Dinge nichts wissend immer nur bei den Accidenzien stehen bleiben und die Substanzen als zerstörbar setzen, weil sie Substanz im höchsten Sinne vor allem und hauptsächlich das nennen, was nur Resultat der Zusammensetzung ist. Und doch ist es nur das Accidens ohne Beständigkeit und Wahrheit, welches sich in nichts auflöst.
Nach ihnen ist »Mensch« in wahrem Sinne das, was durch Zusammensetzung entsteht; »Seele« in wahrem Sinne das, was Entelechie und Act eines lebenden Körpers ist oder doch aus einem gewissen Ebenmaasse des verflochtenen Baus und der Organisation entspringt. Daher ist es kein Wunder, wenn sie so grossen Schrecken vor dem Tode und der Auflösung andern einflössen und selbst empfinden; ist es doch der Verlust des Daseins, was sie bedroht. Gegen diese Thorheit erhebt die Natur laut ihre Stimme, indem sie uns versichert, dass nicht der Körper, noch die Seele den Tod zu fürchten habe, weil sowohl die Materie als die Form schlechthin constante Principien sind.

O du Geschlecht, durchbebt vom eisigen Grauen des Todes,
Schreckt euch der Styx, schreckt euch das Dunkel nichtiger Namen,
Fabelnder Dichtung Stoff, und ersonnener Welten Gefahren?
Wisst, wenn flammende Gluth, wenn des Alters schleichendeSchwäche
Hat die Leiber zerstört, nicht kennen sie Schmerzen noch Leiden;
Frei ist die Seele vom Tod; vielmehr die frühere Wohnung
Tauscht sie mit neuem Sitz und lebt und wirket in diesem.
Alles wechselt, doch nichts geht unter.

DICSON. Damit scheint mir übereinzustimmen, was Salomo sagt, der unter den Hebräern für den weisesten gilt: »Was ist das, was ist? Dasselbe, was gewesen ist. Was ist das, was gewesen ist? Dasselbe, was sein wird. Nichts neues unter der Sonne.«

POLIINNIO. Diese Form, die ihr annehmt, ist also nicht etwas ihrem Wesen nach in der Materie existirendes und ihr anhängendes, und sie hängt auch nicht von dem Körper und der Materie ab, um zu bestehen?

TEOFILO. So ist's; und überdies möchte ich nicht darüber entscheiden, ob auch nur alle Form von Materie begleitet ist, wie ich umgekehrt von der Materie mit aller Sicherheit behaupte, dass kein Theil derselben gänzlich von der Form verlassen ist, man müsste sie denn in logischem Sinne verstehen, wie Aristoteles es thut, der niemals müde wird, das was in Natur und Wirklichkeit ungesondert ist, im Verstande zu sondern.

DICSON. Nehmt ihr nicht noch eine andere Form an ausser dieser ewigen Begleiterin der Materie?

TEOFILO. Freilich, und zwar eine noch mehr der Natur eigene Form, nämlich die materielle Form, von welcher wir nachher handeln werden. Für jetzt merkt euch folgende Eintheilung der Form. Es giebt eine Art, die *forma prima,* welche gestaltend, räumlich ausgedehnt und von der Materie abhängig ist; diese ist in allem, weil sie das All gestaltet, und weil sie sich ausbreitet, theilt sie die Vollkommenheit des Ganzen den Theilen mit, und weil sie abhängig ist und durch sich keine Wirksamkeit übt, theilt sie die Thätigkeit des Ganzen und gleicherweise auch Namen und Sein desselben den Theilen mit. Dieser Art ist die materielle Form, wie z.B. die des Feuers; denn jeder Theil des Feuers wärmt, heisst Feuer und ist Feuer. Zweitens giebt es eine andere Art von Form, welche gestaltend und abhängig, aber nicht räumlich ausgedehnt ist; als solche ist sie, weil sie das Ganze vollendet und bewirkt, im Ganzen und in jedem Theile desselben. Weil sie aber ohne Ausdehnung ist, so theilt sie den wesentlichen *Act* des Ganzen den Theilen nicht mit; dagegen, weil sie abhängig ist, so theilt sie die *Wirkungsweise* des Ganzen den Theilen mit. Von dieser Art ist die vegetative und empfindende Seele. Denn kein Theil des Thieres ist selbst ein Thier, und nichtsdestoweniger lebt und empfindet ein jeder Theil. Drittens giebt es eine andre Art von Form, welche das Ganze bewirkt und vollendet, aber nicht ausgedehnt, noch in Bezug auf ihre Thätigkeit abhängig ist. Weil sie bewirkt und vollendet, ist sie im Ganzen, in allem und in jeglichem Theil. Weil sie ohne Ausdehnung ist, so theilt sie die Vollkommenheit des Ganzen den Theilen nicht mit; weil sie nicht abhängig ist, so theilt sie die Thätigkeit nicht mit. Von dieser Art ist die Seele, sofern sie das intellectuelle Vermögen ausüben kann und intellectuell heisst. Sie macht nicht in dem Sinne einen Theil des Menschen aus, dass der Theil Mensch heissen könnte, oder ein Mensch wäre, oder dass man von ihm sagen könnte, er habe Verstand. Von diesen drei Arten ist die erste materiell und kann ohne Materie nicht verstanden werden noch existiren. Die andern beiden Arten, welche zuletzt ihrer Substanz und dem Wesen nach in eins zusammengehen, und welche sich in der vorher auseinandergesetzten Art unterscheiden, nennen wir jenes formale, von dem materialen Princip unterschiedene Princip.

DICSON. Ich verstehe.

TEOFILO. Ausserdem bitte ich zu beachten, dass wir zwar nach der gewöhnlichen Weise fünf Stufen der Formen aufzählen, nämlich Element, Mischung, Vegetatives, Empfindendes und Vernünftiges, dass wir es aber nicht in dem gewöhnlichen Sinne nehmen. Denn dieser Unterschied hat seine Geltung wohl in Bezug auf die Vermögen, welche an den Gegenständen erscheinen und aus ihnen hervorgehen, aber nicht in Bezug auf das ursprüngliche und fundamentale Sein jener Form und jenes geistigen Lebens, welches als eines und dasselbe, aber nicht auf eine und dieselbe Weise das All erfüllt.

DICSON. Ich verstehe. Die Form, die ihr als Princip setzt, ist demnach substantielle Form, constituirt eine vollkommene Art, ist eigner Gattung und kein Theil einer Art, wie die der Peripatetiker.

TEOFILO. So ist's.

DICSON. Die Eintheilung der Formen in der Materie geschieht nicht mit Rücksicht auf die zufälligen Beschaffenheiten, welche von der materiellen Form abhängen.

DICSON. Richtig.

TEOFILO. Daher wird auch diese gesonderte Form nicht ein numerisch Vielfaches, weil jede solche numerische Vielheit von der Materie abhängt.

TEOFILO. Ganz richtig.

DICSON. Ferner ist sie an sich unveränderlich, veränderlich erst durch die Gegenstände und die Verschiedenheiten der Stoffe. Obschon nun diese Form am Gegenstande Verschiedenheit des Theiles vom Ganzen bewirkt, so ist sie gleichwohl an sich im Theil und im Ganzen nicht verschieden, wenn ihr auch eine andere Weise zukommt, sofern sie für sich subsistirt, eine andere, sofern sie Actus und Vollendung irgend eines Gegenstandes ist, eine andere ferner mit Rücksicht auf einen so angelegten, eine andere mit Rücksicht auf einen anders angelegten Gegenstand.

TEOFILO. Genau so.

DICSON. Diese Form denkt ihr nicht accidentiell, noch der accidentiellen ähnlich, noch wie mit der Materie vermischt oder ihr äusserlich anhaftend, sondern gleichsam ihr immanent, mit ihr verbunden, ihr beiwohnend.

TEOFILO. So meine ich's.

DICSON. Ferner wird diese Form durch die Materie begrenzt und bestimmt. Denn während sie an sich die Fähigkeit hat, der Art nach unzählbare einzelne Wesen zu bilden, verengt sie sich dazu, ein Individuum zu bilden. Und von der andern Seite bestimmt sich das Vermögen der unbestimmten Materie, welche jede beliebige Form annehmen kann, auf *eine Art*, so dass jedes von beiden die Ursache der Bestimmung und Begrenzung des andern ist.

TEOFILO. Ganz richtig.

DICSON. Ihr stimmt also in gewisser Weise der Meinung des Anaxagoras bei, welcher die particulären Naturformen verborgene nennt, in gewisser Weise derjenigen Plato's, welcher sie aus den Ideen ableitet, in gewisser Weise derjenigen des Empedokles, welcher sie aus dem Intellect entspringen lässt; in gewisser Weise derjenigen des Aristoteles, der sie gleichsam aus dem Vermögen der Materie hervorgehen lässt?

TEOFILO. Ja wohl; denn wie gesagt, wo die Form ist, ist in gewissem Sinne alles; wo Seele, Geist, Leben ist, ist alles. Der Bildner ist die Vernunft vermittelst der idealen Arten und der Formen; wenn die

Vernunft die Formen nicht aus der Materie hervorlockt, so erbettelt sie
sie doch auch nicht ausser ihr; denn dieser Geist »erfüllt das All«.

POLIINNIO. Nun möchte ich wohl wissen, wie die Form die an allen
Orten als Ganzes vorhandene Weltseele ist, sintemalen sie doch
untheilbar ist? Sie muss also doch wohl über die Maassen gross, ja von
unendlicher Extension sein, wenn du sagst, dass die Welt ein Infinitum
ist.

GERVASIO. Damit hat es wohl seine Richtigkeit, dass sie gross ist. So
sagte auch von unserm Heiland ein Prediger in Grandazzo auf Sicilien.
Nämlich um anzudeuten, dass der Heiland in der ganzen Welt
allgegenwärtig sei, liess er ein Crucifix anfertigen, so gross wie die
Kirche, nach dem Bilde Gottes des Vaters, welcher das Empyreum
zum Baldachin, den Sternenhimmel zum Thronsitz und so lange Beine
hat, dass sie bis auf die Erde reichen, die ihm zum Schemel dient. Zu
diesem Priester kam ein Bäuerlein, um ihn zu fragen, und sprach: Mein
hochwürdiger Pater, wie viel Ellen Tuch werden wohl nöthig sein, um
für ihn Socken zu machen? Und ein anderer meinte, alle Erbsen,
Linsen, Fasolen und Bohnen von Melazzo und Nicosia würden nicht
hinreichen, um seinen Wanst zu füllen. Seht also zu, dass diese
Weltseele nicht auch nach dieser Façon gemacht sei.

TEOFILO. Ich wüsste auf deinen Zweifel, Gervasio, nicht zu
antworten, aber wohl auf den des Magister Poliinnio; doch werde ich
im Gleichnis reden, um eurer beider Verlangen zu genügen; denn ich
wünsche, dass auch ihr einige Frucht aus unsern Untersuchungen und
Unterredungen davontragt. Wisst also in Kürze, dass die Weltseele und
die Gottheit überall und in jedem Theile allgegenwärtig sind nicht in
der Weise, wie irgend ein stoffliches Ding daselbst sein kann; – denn
das ist jedem Körper und jedem Geist unmöglich, welcher es auch sei;
– sondern auf eine Weise, welche euch nicht leicht anders klar zu
machen ist als folgendermaassen. Wenn es heisst, die Weltseele und
die universale Form sind überall, so ist das nicht körperlich oder der
Aasdehnung nach zu verstehen; – denn so sind sie und können sie auch
nicht in einem Theile sein; – sondern sie sind geistig überall ganz. In
einem allerdings rohen Gleichnisse werdet ihr euch eine Stimme
vorstellen können, welche ganz in einem ganzen Zimmer und in jedem

Theile desselben ist, denn man versteht sie ganz überall. So werden diese Worte, die ich spreche, ganz von allen verstanden, auch wenn tausend anwesend wären, und meine Stimme, wenn sie über die ganze Welt reichen könnte, würde überall ganz sein. Euch also, Magister Poliinnio, sage ich, dass die Weltseele nichts untheilbares ist in dem Sinne wie der Punkt, sondern in gewisser Weise wie die Stimme. Und dir, Gervasio, antworte ich, dass die Gottheit nicht überall ist, wie der Gott von Grandazzo in seiner ganzen Kapelle ist; denn dieser, wenn er auch in der ganzen Kirche ist, ist doch nicht ganz in der ganzen Kirche, sondern hat den Kopf in dem einen, die Füsse in einem andern Theile, Arme und Rumpf wieder in andern Theilen: sondern sie ist ganz in jedem beliebigen Theile, wie meine Stimme in allen Theilen dieses Saales gehört wird.

POLIINNIO. Das hätt' ich denn bestens percipiret.

GERVASIO. Eure Stimme wenigstens habe ich percipirt.

DICSON. Wohl möglich, was die Stimme anbetrifft; aber die verhandelte Sache möchte euch doch wohl zum einen Ohr hinein und zum andern wieder herausgegangen sein.

GERVASIO. Ich denke, dass sie auch nicht einmal hineingekommen ist; denn es ist spät, und die Uhr in meinem Bauche hat die Essensstunde geschlagen.

POLIINNIO. *Hoc est, id est,* das Gehirn *in patinis,* so zu sagen in den Schüsseln, haben.

DICSON. So sei's denn genug! Morgen wollen wir zusammenkommen, um vielleicht von dem Materialprincip zu sprechen.

TEOFILO. Entweder erwarte ich euch, oder ihr erwartet mich hier.

Dritter Dialog

GERVASIO. Die Stunde ist doch schon da, und sie sind nicht gekommen! Weil ich eben nichts anderes vorhabe, was mich reizte, so möchte ich mir das Vergnügen gönnen, ihre Verhandlungen mit anzuhören. Dabei habe ich, ausser dass ich diesen oder jenen philosophischen Schachzug lernen kann, noch obendrein einen köstlichen Zeitvertreib an den Grillen, die in dein wunderlichen Gehirn jenes Pedanten, des Poliinnio, herumspucken. Erst erklärter, er wolle darüber richten, wer gut redet, wer am besten disputirt, wer sich Widersprüche und Irrthümer im Philosophiren zu Schulden kommen lässt; und nachher, wenn die Reihe an ihm ist, seinen Part aufzusagen, weiss er nicht, was er vorbringen soll, und schüttelt in seiner windigen Schulfuchserei einen Salat von Sprüchwörtlein, von Redensarten auf lateinisch oder griechisch aus dem Aermel, die niemals zu dem was die andern sagen, die mindeste Beziehung haben. Jeder Blinde kann deshalb ohne allzu grosse Schwierigkeit sehen, was für ein grosser Narr er ist bei aller seiner Gelehrsamkeit, während andere in ihrem schlichten Menschenverstand Weise sind. Doch, da, ist er ja bei meiner Treue! Wie er daher kommt, dass es scheint, als wisse er selbst die Bewegung seiner Schritte philosophisch zu regeln! Willkommen sei der dominus magister!

POLIINNIO. Aas diesem »Magister« mache ich mir sehr wenig; sintemalen in dieser abgeschmackten und verkehrten Zeit solcher Titul ebensowohl wie meines Gleichen auch jedem beliebigen Barbier, Professionisten und Sauschneider beigeleget wird; derohalben auch ergehet an uns der Rath: *Nolite vocari Rabbi!*

GERVASIO. Wie wollt ihr denn, dass ich euch anrede? Gefiele euch: »Hochehrwürdigster«?

POLIINNIO. Dieses conveniret denen Presbytern und dem Clero.

GERVASIO. So habt ihr vielleicht Sehnsucht nach dem Titel: »Erlauchtester«?

POLIINNIO. *Cedant arma togae!* Sothaner Titul gebühret mehr Leuten von ritterlichem Stande, sowie solchen vom Hofe.

GERVASIO. »Kaiserliche Majestät«, – wie wär's?

POLIINNIO. *Quae Caesaris, Caesari!*

GERVASIO. Ei, so nehmt denn für euch das »domine« schlechtweg, mein Lieber; lasst' den Schwerdonnernden, den *divûm pater* aus dem Spiel! Kommen wir auf uns; warum stellt ihr euch alle so spät ein?

POLIINNIO. Ich vermeine, die andern werden in irgend ein anderes Geschäft compliciret sein, gleich wie ich, um nicht diesen Tag ohne seine Linea vorüberzulassen, mich mit der Betrachtung des Conterfeis der Erdkugel abgegeben habe, was man so vulgariter einen Atlas benamset.

GERVASIO. Was habt ihr mit Atlanten zu schaffen?

POLIINNIO. Ich contemplire die Erdtheile, die Climate, Provinzen und Landschaften, die ich alle insgesammt nur idealiter in der Vorstellung, viele auch mit meinen Schritten perlustriret habe.

GERVASIO. Besser wär's, du hieltest ein wenig in dir selber Umschau; denn das, scheint mir, wäre dir viel wichtiger, und ich glaube, darum bemühst du dich allzu wenig.

POLIINNIO. *Absit verbo invidia;* ohne mich selber zu berühmen; denn auf jenem Wege gelange ich viel wirksamer dahin, mich selber zu erkennen.

GERVASIO. Wie möchtest du mir das beweisen?

POLIINNIO. Sintemalen man von der Betrachtung des Makrokosmus leicht – so man nämlich gebührendermaassen *per analogiam* weiter schliesset – zu der Erkenntnis des Mikrokosmus gelangen kann, dessen Theilchen den Theilen von jenem correspondiren.

GERVASIO. So fänden wir also in euch den Mond, den Mercur, und andre Sterne, Frankreich, Spanien, Italien, England, Calecut und andre Länder wieder?

POLIINNIO. *Quidni? Per quandam analogiam!*

GERVASIO. *Per quandam analogiam* glaube ich, dass ihr ein grosser Monarch seid: aber wenn ihr eine Dame wärt, so würde ich euch fragen, ob bei euch Platz ist, ein Büblein zu beherbergen, oder eines jener Pflänzchen aufzubewahren, von denen Diogenes sprach.

POLIINNIO. Ah, ah, *quodammodo facete!* Ein lustiger Spass! Aber solche Frage schickt sich nicht wohl für einen weisen und hochgelahrten Mann!

GERVASIO. Wenn ich ein Gelehrter wäre oder mich für weise hielte, würde ich nicht hierher kommen, um in Gemeinschaft mit euch zu lernen.

POLIINNIO. Mögt ihr doch! Ich komme nicht um zu lernen, denn nunmehro ist es meines Amtes zu lehren. Und sothanermaassen fällt es mir auch zu, solche die da dociren wollen, zu judiciren. Ich komme daher in anderer Intention, als in der ihr kommen müsst, dieweil euch die Rolle des Anfängers, Neulings, Lehrlings so wohl conveniret.

GERVASIO. In welcher Intention denn?

POLIINNIO. Um zu judiciren, sage ich.

GERVASIO. In Wahrheit, eures gleichen steht es besser an als anderen, über Wissenschaften und Theorien euer Urtheil abzugeben, weil ihr die einzigen seid, denen die Freigiebigkeit der Gestirne und die Spendelaune des Geschickes das Vermögen zuertheilt hat, aus den Worten den süssen Saft heraus zu destilliren.

POLIINNIO. Und in Folge dessen auch aus den *Sententiis,* welche mit den Worten verbunden sind.

GERVASIO. Wie die Seele mit dem Leibe.

POLIINNIO. So man nur die Worte richtig verstehet, so kann man auch den *Sensum* wohl erfassen. Derohalben entspringet aus der Kenntnis der Sprachen – und in dieser bin ich mehr bewandert als irgend ein anderer in dieser Stadt, und ich schätze mich für just so gelehrt, als jeden anderen, der eine Stätte für den Dienst der Minerva offen hält, – also, was ich sagen wollte, aus der Kenntnis der Sprachen geht die Kenntnis jeder beliebigen Wissenschaft hervor.

GERVASIO. So werden also alle diejenigen, welche italienisch verstehen, die Philosophie des Mannes von Nola begreifen?

POLIINNIO. Jawohl, aber freilich gehört dazu auch noch sonst einige Fertigkeit und einiges Judicium.

GERVASIO. Mitunter ist mir der Gedanke gekommen, diese Fertigkeit wäre eigentlich die Hauptsache. Kann doch einer, der kein Griechisch versteht, die ganze Lehre des Aristoteles verstehen und viele Irrthümer in ihr erkennen. Der Götzendienst, der mit dem Ansehen diese Philosophen besonders in Bezug auf die Naturwissenschaft getrieben wird, ist ganz offenbar bei allen denen gänzlich beseitigt, welche die Lehren dieser andern Schule verstehen; und einer, der weder Griechisch noch Arabisch, vielleicht nicht einmal Lateinisch kennt, wie Paracelsus, kann die Natur der Heilmittel und der Heilkunst besser erkannt haben, als Galenus, Avicenna und alle, die sich in römischer Sprache vernehmen lassen. Die Philosophie und die Rechtswissenschaft geräth nicht in Verfall durch den Mangel an Worterklärern, wohl aber durch den Mangel an solchen, welche Gedanken gründlich zu erfassen mögen.

POLIINNIO. So zähltest du also einen Mann wie mich unter den ungebildeten Pöbel?

GERVASIO. Das wollen die Götter nicht! Weiss ich doch, dass vermöge der Kenntniss und des Studiums der Sprachen – und das ist gewiss etwas seltnes und ausgezeichnetes – nicht nur ihr, sondern alle euresgleichen sehr befähigt seid, über die Systeme ihr Urtheil abzugeben, nachdem ihr die Ansichten derer, die dergleichen auf die Bahn bringen, gehörig durchgesiebt habt.

POLIINNIO. Ihr redet da so wahr, dass ich mich leicht persuadire, ihr sagt das nicht ohne guten Grund; diesen zu expliciren möge euch, wie es euch nicht schwer sein wird, so auch nicht beschwerlich fallen.

GERVASIO. Ich will es thun; doch unterwerfe ich mich immer dem Richterstuhl eurer Einsicht und eurer Sprachkenntnis. Es ist ein vielgebrauchtes Sprichwort, dass diejenigen, die ausserhalb des Spieles sind, mehr davon verstehen als die, welche dabei betheiligt sind; diejenigen z.B., welche im Theater sind, urtheilen besser über den Gang der Handlung, als die Personen auf der Bühne; und eine Musik kann der besser durchkosten, der nicht zum Orchester oder den Sängern gehört. Aehnliches beobachtet man im Karten-, im Schachspiel, im Fechten und dergl. Und so ist's auch mit euch, ihr Herren Schulfüchse. Da ihr von jedem Eingreifen in die philosophische Forschung schlechtweg ausgeschlossen seid und niemals an Aristoteles oder Plato und ähnlichen irgend welchen Theil gehabt, könnt ihr sie besser beurtheilen und mit eurer silbenstechenden Selbstgenügsamkeit und dem Hochmuth eures Naturells verurtheilen, als der Nolaner, der sich auf dem Schauplatz selbst, in ihrem vertrauten Umgang und ihrer Freundschaft selber befindet, so dass er sie leicht bekämpft, nachdem er ihre innersten und tiefsten Meinungen erkannt hat. Ihr, sage ich, weil ihr ausserhalb jeder Handthierung von Ehrenmännern und ernsthaften Geistern steht, könnt sie natürlich besser beurtheilen.

POLIINNIO. Ich kann nicht so im Augenblick diesem unverschämten Menschen antworten. *Vox faucibus haesit!*

GERVASIO. Dennoch sind eures Gleichen so anspruchsvoll, wie die anderen, die mit beiden Fassen drinnen stehn, es nicht sind; und insofern versichere ich euch, dass ihr gebührendermaassen euch das Amt anmaasst, dies zu billigen, jenes zu missbilligen, zu diesem eine Glosse zu machen, hier einen *locum parallelum* und ein Citat, dort einen Appendicem zu geben.

POLIINNIO. Dieser ignoranteste aller Menschen will daraus, dass ich
in den schönen humanen Wissenschaften erfahren bin, schliessen, dass
ich in der Philosophie ein Ignorant sei!

GERVASIO. Mein hochgelahrtester Herr Poliinnio, ich will sagen,
dass wenn ihr alle Sprachen hättet, deren es, wie unsere Hauptredner
angeben, zweiundsiebenzig giebt, ...

POLIINNIO. *Cum dimidia:* ist zu sagen, noch eine halbe mehr.

GERVASIO. ... daraus nicht allein nicht folgt, dass ihr deshalb
geschickter wäret, über Philosophen zu urtheilen, sondern noch mehr:
damit beseitigt ihr nicht einmal die Möglichkeit, dass ihr das
ungeschliffenste Vieh seid, welches irgend menschliches Antlitz trägt.
Andererseits aber hindert nichts, dass einer, der kaum eine der
Sprachen und überdies eine Bastardsprache kennt, der weiseste und
gelehrteste Mann der ganzen Welt sei. Bedenkt doch nur, welche
Erfolge zwei solche Männer errungen haben, der eine ein Franzos, ein
Erzpedant, der Scholien über die freien Künste und Bemerkungen
gegen Aristoteles geschrieben hat, der andere ein Italiener, ein wahrer
Unflath von Pedantenthum, der so viel schönes Papier mit seinen
Discussiones peripateticae besudelt hat. Jedermann sieht leicht, dass
der erste mit grosser Beredsamkeit nachweist, wie wenig Verstand er
hat, der zweite in einfacher Sprache zeigt, wie viel er von einem
Rindvieh und Esel hat. Vom ersten können wir doch wenigstens sagen,
dass er Aristoteles verstanden, aber übel verstanden hat, und wenn er
ihn gut verstanden hätte, vielleicht das Genie gehabt haben würde, ihm
einen ehrenvollen Krieg zu machen, wie ihn etwa der höchst
scharfsinnige Telesius von Consentia geführt hat. Vom zweiten
könnten wir nicht sagen, dass er ihn weder gut noch schlecht
verstanden habe, sondern dass er ihn gelesen und wieder gelesen,
genäht, aufgetrennt und mit tausend anderen griechischen
Schriftstellern, Freunden und Feinden von ihm, verglichen und endlich
eine höchst gewaltige Mühe sich gegeben hat, nicht nur ohne irgend
welchen Nutzen, sondern auch zu der allergrössten Enttäuschung. Wer
daher sehen will, in welche Thorheit und hochmüthige Nichtigkeit
pedantische Gewohnheit stürzen und versenken kann, der sehe jenes

Buch an, bevor es mit Stumpf und Stiel verloren geht. Aber sieh, da ist ja Teofilo und Dicson!

POLIINNIO. *Adeste felices, domini!* Eure Anwesenheit ist Ursache, dass meine Zornesgluth nicht blitzende Verdammungsurtheile gegen die nichtigen Sätze sprüht, die dieser geschwätzige Tagedieb da vorbringt.

GERVASIO. Und mir hat sie den Genuss verkürzt, mich an der Majestät dieses hochwürdigsten Kauzes zu ergötzen.

DICSON. Das mag alles hingehen, nur gerathet euch nicht in die Haare.

GERVASIO. Was ich sage, das sage ich im Scherz, denn eigentlich habe ich den Herrn Magister von Herzen lieb.

POLIINNIO. *Ego quoque quod irascor non serio irascor, quia Gervasium non odi:* ist zu sagen, ich mein's nicht schlimm, ich hasse Herrn Gervasio nicht.

DICSON. Wohl denn. Lasst mich also mit Teofilo mich weiter unterreden!

TEOFILO. Democritus also und die Epicureer, welche überhaupt für nichts halten, was nicht körperlich ist, nehmen demzufolge an, dass die Materie allein die Substanz der Dinge und zugleich die göttliche Wesenheit sei; und ein Araber, Namens Avicebron, ist derselben Meinung, wie er in einem Buche, »Quelle des Lebens« betitelt, näher darlegt. Ebendieselben nehmen in Uebereinstimmung mit den Kyrenaikern, Kynikern und Stoikern an, dass die Formell nichts anderes sind, als gewisse zufällige Beschaffenheiten an der Materie. Ich nun bin lange Zeit ein Anhänger dieser Meinung gewesen nur deshalb, weil sie der Wirklichkeit mehr entsprechende Grundlagen hat, als diejenige des Aristoteles. Aber nachdem ich reiflicher und mit Rücksicht auf eine grössere Anzahl von Erscheinungen der Sache nachgedacht habe, finde ich, dass man in der Natur zwei Arten von Substanzen anerkennen muss: Erstens die Form und zweitens die

Materie. Denn es muss beides geben: ein höchstes durchaus
substantielles Wirkendes, in welchem aller Dinge wirkendes
Vermögen, und ein höchstes Vermögen, ein Substrat, in welchem
grade ebenso aller Dinge leidendes Vermögen enthalten ist; in jenem
die Anlage zu wirken, in diesem die Anlage gewirkt zu werden.

DICSON. Jedem Denkenden muss die Unmöglichkeit klar sein, dass
jenes immer alles wirkte, ohne dass etwas vorhanden wäre, aus dem
alles werden kann. Wie kann die Weltseele, – d.h. alle Form, – selber
ein Untheilbares, Gestalten bilden ohne ein Substrat der Ausdehnungen
und Quantitäten, d.h. ohne die Materie ? Und wie kann die Materie
geformt werden? Etwa durch sich selbst? Offenbarwerden wir sagen
können, die Materie wird durch sich selber gestaltet, wenn wir das
gestaltete Ganze Materie nennen wollen, in der Erwägung, dass es so
Materie ist, wie wir etwa einen thierischen Organismus mit allen
seinen Anlagen Materie nennen, nicht um den Unterschied von der
Form, sondern allein den von der bewirkenden Ursache zu bezeichnen.

TEOFILO. Niemand kann euch hindern, euch des Ausdrucks Materie
nach eurer Weise zu bedienen, wird er doch auch innerhalb der
verschiedenen Schulen in vielen verschiedenen Bedeutungen
gebraucht. Aber die von euch angegebene Art die Sache zu fassen
würde doch eigentlich nur einem Mann vom Handwerk, etwa einem
Arzt, welcher in der Praxis steht, wohl anstehen; z.B. einem solchen,
der den ganzen Leib in Mercur, Salz und Schwefel theilt. Eine solche
Annahme beweist nicht gerade, dass der Arzt ein göttliches Genie ist,
sondern möglicherweise dass er sehr wenig Verstand hat, aber sich
gern einen Philosophen nennen möchte. Denn des Letzteren Absicht ist
nicht, blos zu derjenigen Unterscheidung der Principien zu gelangen,
welche physisch durch die Scheidung vermittelst der Kraft des Feuers
vollzogen wird, sondern auch zu derjenigen Unterscheidung der
Principien, an welche nichts wirkendes von materieller Art heranreicht.
Die Seele nämlich, die nicht weiter auflösbar ist, ist das formale
Princip für Schwefel, Mercur und Salz; sie ist kein Substrat für
materielle Eigenschaften, sondern sie ist durchaus die Herrscherin über
die Materie; sie wird von dem Werk des Chemikers nicht berührt,
dessen Scheidekunst bei den drei genannten Dingen endet, und der eine

andre Art von Seele kennt, als die Weltseele, die wir näher erklären wollen.

DICSON. Ganz vortrefflich und mir ganz aus der Seele gesprochen. Es giebt wirklich Leute von so wenig Einsicht, dass sie den Unterschied nicht beachten, ob man die natürlichen Ursachen absolut nach dem ganzen Umfange ihres Wesens nimmt, wie sie von den Philosophen betrachtet werden, oder ob man sie in einem eingeschränkten und besonderen Sinne auffasst. Jene erste Art ist für den Arzt als solchen allerdings überflüssig und werthlos, die zweite dagegen für den Philosophen als solchen höchst mangelhaft und unzulänglich.

TEOFILO. Ihr habt da den Punkt berührt, in welchem Paracelsus zu loben ist, der eine auf Arzneikunde beruhende Philosophie getrieben hat, und in welchem Galenus zu tadeln ist, weil er eine auf Philosophie beruhende Arzneiwissenschaft aufgebracht hat, um eine widerliche Mischung und ein so verwickeltes Gewebe herzustellen, dass er schliesslich einen ziemlich werthlosen Arzt und einen sehr verworrenen Philosophen abgiebt. Doch sei das immerhin mit einiger Zurückhaltung gesagt, weil ich nicht Müsse gehabt habe, alle Seiten, die dieser Mann bietet, gleichmässig ins Auge zu fassen.

GERVASIO. Um Verzeihung, Teofilo, erweist mir zuerst den Gefallen, – denn ich bin in der Philosophie nicht so geübte – erklärt mir, was ihr unter jenem Namen Materie versteht, und was dann eigentlich an den Naturerscheinungen Materie ist.

TEOFILO. Alle diejenigen, die die Materie abgetrennt fassen und sie rein an sich ohne die Form betrachten wollen, berufen sich auf die Analogie der Künste. So die Pythagoreer, so die Platoniker, so die Peripatetiker. Nehmt irgend eine Kunst, z.B. die des Zimmermanns. Sie hat für alle ihre Formen und bei allen ihren Arbeiten zum Substrat das Holz, wie der Hufschmied das Eisen, der Schneider das Tuch. Alle diese Künste bringen in der ihnen zugehörigen Materie verschiedene Bilder, Anordnungen und Gestalten hervor, von denen keine der Materie eigenthümlich und natürlich ist. Gerade so muss die Natur, welcher die Kunst gleicht, zu ihren Wirksamkeiten eine Materie haben. Denn es ist nicht möglich, dass es ein wirkendes gebe, welches, wenn es etwas machen will, nichts hätte, woraus es das machen könnte, oder wenn es wirken will, nichts hätte, um daran zu wirken. Es giebt also eine Art von Substrat, aus welchem, mit welchem und in welchem die Natur ihre Wirksamkeiten, ihre Arbeiten vollzieht, und welches durch diese in so viele Formen gebracht wird, wie sie sich in der grossen Verschiedenheit der Arten den Blicken des Betrachters darbieten. Und wie das Holz an sich keinerlei künstliche Form hat, aber durch die Thätigkeit des Zimmermanns alle haben kann, so hat die Materie, von welcher wir sprechen, an sich und in ihrer Natur keine natürliche Form; aber durch die Thätigkeit des wirkenden Agens, des Princips der Natur, kann sie alle haben. Diese Materie in der Natur ist freilich nicht ebenso etwas wahrnehmbares, wie die Materie des Künstlers; denn die Materie in der Natur hat schlechtweg keinerlei Form, die Materie der Kunst dagegen ist etwas schon von der Natur geformtes, weil die Kunst nur an der Oberfläche der von der Natur geformten Dinge wirken kann, wie in Holz, Eisen, Stein, Wolle und dergl., die Natur hingegen so zu sagen aus dem Mittelpuncte ihres Substrats oder ihrer Materie heraus wirkt, welche durchaus formlos ist. Deshalb giebt es der Substrate der Künste viele, das Substrat der Natur dagegen ist nur eines; denn jene, weil sie schon von der Natur verschieden geformt sind, sind selber verschieden und mannichfaltig; dieses, weil es in keiner Weise geformt ist, ist durchaus unterschiedslos, da ja aller Unterschied und aller Gegensatz von der Form stammt.

GERVASIO. Es bilden also die von der Natur geformten Dinge die Materie der Kunst, und ein Einziges, schlechthin Formloses, die Materie der Natur.

TEOFILO. So ist's.

GERVASIO. Ist es denn möglich, ebenso wie wir die Substrate der Künste deutlich sehen und erkennen, auch das Substrat der Natur zu erkennen?

TEOFILO. Sehr wohl, aber freilich vermittelst anderer Erkenntnis-principien. Denn wie wir nicht mit einem und demselben Sinn Farben und Töne erkennen, so sehen wir auch nicht mit einem und demselben Auge das Substrat der Künste und das Substrat der Natur.

GERVASIO. Ihr wollt sagen, dass wir mit den sinnlichen Augen jenes, und mit dem Auge der Vernunft dieses sehen.

TEOFILO. Ganz recht.

GERVASIO. So gefalle es euch denn, dieses Auge der Vernunft zu erleuchten.

TEOFILO. Sehr gern. Dasselbe Verhältnis und die selbe Beziehung, welche in der Kunst die Materie auf die Form derselben hat, hat auch, wenn man die Analogie nur nicht zu weit treiben will, die Form auf die Materie in der Natur. Wie also in der Kunst, während die Formen sich, wenn es möglich wäre, bis ins Unendliche vermannichfaltigen, unter allen immer eine und dieselbe Materie vorhanden bleibt, – z.B. nach der Form des Baumes giebt es eine Form des Stammes, sodann des Balkens, dann des Tisches, der Bank, des Schemels, des Rahmens, des Kammes und so weiter, und doch bleibt das Holzsein immer dasselbe: – gerade so ist es in der Natur. Wie auch die Formen sich ins unendliche vermannichfaltigen und eine auf die andre folgt, es bleibt doch immer eine und dieselbe Materie vorhanden.

GERVASIO. Und wie lässt sich dieses Gleichnis weiter durchführen?

TEOFILO. Seht ihr nicht, dass aus dem, was Same war, Kraut wird, aus dem, was Kraut war, Aehre, aus Aehren Brot, aus Brot Nahrungssaft, aus Nahrungssaft Blut, daraus Samen, Embryo, Mensch, Leichnam, Erde, Gestein oder etwas anderes, und dass es so immer weiter alle natürlichen formen annehmen kann?

GERVASIO. Das ist allerdings leicht einzusehen.

TEOFILO. Es muss also immer eins und dasselbe sein, was an sich nicht Stein, nicht Erde, Leichnam, Mensch, Embryo, Blut oder etwas anderes ist, was aber, nachdem es Blut war, Embryo wird, indem es das Embryo-sein annimmt; was nachdem es Embryo war, das Mensch-sein annimmt, indem es Mensch wird, wie der von der Natur schon geformte Stoff, der das Substrat für die Künste abgiebt, nachdem er

Baum war, eine Platte wird und das Platte-sein, nachdem er Platte war, das Thür-sein annimmt und eine Thür wird.

GERVASIO. Das habe ich recht wohl begriffen; aber es scheint mir, dass dieses Substrat der Natur kein Körper sein, noch bestimmte Eigenschaften haben könne: denn das, was sich bald unter einer natürlichen Form und Existenz, bald unter einer andern den Blicken entzieht, zeigt sich nicht auf körperliche Weise wie Holz und Stein, welche immer als das, was sie stofflich oder dem Substrat nach sind, auch erscheinen, mögen sie sich auch unter welcher Form sie wollen verstecken.

TEOFILO. Ganz richtig.

GERVASIO. Was soll ich also thun, wenn ich einmal über diesen Gedanken mit einem hartnäckigen Menschen verhandeln sollte, der nicht glauben will, dass allen Gebilden der Natur eine einzige Materie ebenso zu Grunde liegt, wie denen jeglicher Kunst? Denn jene, die man mit Augen sieht, lässt sich nicht ableugnen; aber wohl diese, die man nur mit der Vernunft sieht.

TEOFILO. Jagt ihn fort, oder antwortet ihm nicht!

GERVASIO. Aber gesetzt, er verlangte einen Beweis mit Ungestüm, und es wäre eine Respectsperson, die eher mich, als ich sie fortjagen könnte, und die es für eine Beleidigung ansähe, wenn ich ihr nicht antwortete?

TEOFILO. Was würdest du thun, wenn ein Halbgott, der jeder Ehrerbietung und jeder Rücksicht würdig, aber blind wäre, dreist, heftig und hartnäckig darauf bestände, von den Farben, von den äusseren Gestalten der Dinge in der Natur Kenntnis zu erlangen und einen Beweis zu fordern, wie z.B.: welches die Form des Baumes, der Berge, der Sterne, ferner welches die Form einer Statue, eines Gewandes oder anderer Kunsterzeugnisse sei, lauter Dinge, die für Sehende ganz klar und deutlich sind?

GERVASIO. Ich würde ihm antworten, dass er, wenn er Augen hätte, keinen Beweis dafür verlangen, sondern es schon selber sehen würde; dass aber, da er blind sei, es auch unmöglich ein anderer ihm beweisen könne.

TEOFILO. Grade so wirst du jenen antworten können, dass sie, wenn sie Verstand hätten, keinen andern Beweis verlangen würden, sondern es von selber sehen würden.

GERVASIO. Diese Antwort wird sie beschämen und andre werden dieselbe allzugrob schelten.

TEOFILO. Dann könnt ihr also in verhüllterer Weise ihm folgendes sagen: Mein erlauchtester Herr, oder auch: Eure geheiligte Majestät! Wie gewisse Dinge nicht anders zur Evidenz gebracht werden können als durch die Hände und das Betasten, andre nur durchs Gehör, andre durch den Geschmack, wieder andre durch die Augen, so kann man sich von diesem Stoff aller Dinge in der Natur nur durch den Verstand überzeugen.

GERVASIO. Dann wird er, wenn er den Hieb versteht, der gar nicht so dunkel oder so verhüllt ist, mir erwiedern: Du selber hast keinen Verstand; ich habe mehr als alle deines Gleichen.

TEOFILO. Wirst du denn dem Blinden glauben, wenn er dir sagt, du seist blind und er sehe mehr als alle, die sich sehend dünken, wie du?

DICSON. Es ist genug vorgebracht worden, um augenscheinlich zu erweisen, dass jener Mann niemals vernommen hat, was der Name Materie bedeutet und was unter der Materie in den Dingen der Natur verstanden werden muss. So lehrt Timaeus der Pythagoreer in der Verwandlung eines Elementes in das andere die Materie wiederfinden, die an sich verborgen, nur vermittelst einer gewissen Analogie erkannt werden könne. Wo die Form der Erde war, sagt er, erscheint nachher die Form des Wassers. Hier lässt sich nicht sagen, dass eine Form die andre annehme, weil ein Entgegengesetztes nicht das andere annehmen kann; d.h. das Trockne nimmt nicht das Feuchte, oder vielmehr die Trockenheit nicht die Feuchtigkeit an; sondern die Trockenheit wird aus einem Dritten herausgetrieben und die Feuchtigkeit eingelassen, und dieses Dritte ist das Substrat beider entgegengesetzter Qualitäten, selbst aber keinem entgegengesetzt. Wenn man also nicht annehmen darf, dass die Erde zu nichts geworden, so muss man glauben, dass etwas, was in der Erde war, zurückgeblieben und im Wasser noch vorhanden ist; was aus demselben Gründe, wenn das Wasser durch die Kraft der Wärme zu Gas oder Dampf verdünnt sich in Luft verwandelt, ebenso in der Luft bleiben und vorhanden sein wird.

TEOFILO. Daraus darf man schliessen, jenen Leuten zum Trotz, dass nichts zunichte wird und nichts das Sein, sondern nur die zufällige, äussere und materielle Form verliert. Deshalb kann weder die Materie, noch die substanzielle Form jedes Dinges in der Natur, die Seele, zerstört und vernichtet werden, so dass sie das Sein durchaus und in jedem Sinne verlören. Freilich kann das nicht auch gelten von alledem, was bei Peripatetikern und ähnlichen Leuten »substantielle Form« genannt wird und was in nichts anderem besteht, als in einer gewissen Zusammensetzung und Anordnung von Accidentien. Bei ihnen ist alles, was sie angeben können ausser ihrer *materia prima,* nichts anderes als Accidens, Verbindung, Habitus einer Eigenschaft, Princip der Definition, Quiddität. Daher haben einige unter ihnen, subtile Metaphysiker in der Kutte, um die Unzulänglichkeit ihres Götzen, des Aristoteles, leichter zu verdecken, die Erfindung gemacht, Mensch-heit, Rind-heit, Oliven-heit seien artbildende substanzielle Formen; dagegen diese bestimmte Menschheit, z.B. die Socrates-heit, *diese* Rind-heit, *diese* Pferd-heit sei die »numerale« Substanz. Alles dies haben sie gethan, um uns eine substanzielle Form zu schenken, welche den Namen der Substanz verdiente, wie die Materie Namen und Wesen einer Substanz hat; aber sie haben gleichwohl damit durchaus nichts gewonnen. Denn fragt ihr sie folgerichtig, worin denn das substanzielle Sein des Socrates besteht, so werden sie antworten: in der Socrates-heit; fragt ihr weiter: was versteht ihr unter der Socrates-heit? so werden sie antworten: die eigenthümliche substanzielle Form und eigenthümliche Materie des Socrates. Lassen wir nun diese Substanz, soweit sie Materie ist, auf sich beruhen; sagt mir: was ist die Substanz als Form? Da antworten einige: seine Seele. Ihr fragt weiter: was für ein Ding ist denn diese Seele? Wenn sie sagen: eine Entelechie und Vollendung eines Körpers, der zu leben vermag, so bedenkt, dass dies ein blosses Accidens ist. Sagen sie: sie ist ein Princip des Lebens, Empfindens, Vegetirens und Denkens, so bedenkt, dass, wenngleich dieses Princip eine Art von Substanz ist, dennoch gründlich betrachtet, wie wir es betrachten, unser Gegner ihm immer noch keinen höheren Rang anweist, als den eines Accidens. Denn Princip von dem oder jenem sein, heisst nicht substantieller und absoluter Grund sein, sondern ein accidentieller und auf das durch das Princip Gesetze bezogener Grund sein, während mein Wesen und meine Substanz nicht das bedeutet, was sie hervorbringt, was ich thue oder thun kann, sondern vielmehr was ich bin als ich selber und absolut betrachtet. Ihr seht also, wie sie diese substantielle Form, nämlich die Seele, behandeln, dass sie sie wohl von ohngefähr als Substanz erkannt, doch niemals Substanz genannt oder als solche betrachtet haben. Diese Confusion könnt ihr noch viel augenscheinlicher sehen, wenn ihr sie fragt, worin denn nun die substantielle Form eines unbeseelten Dinges, z.B. des Holzes, besteht. Die feineren Köpfe unter ihnen werden den Ausweg er sinnen: in der »Holz-heit« Nun nehmet diese Materie fort, welche dem Eisen, dem Holz und dem Stein gemeinsam ist, und sagt nun, was als die substantielle Form des Eisens übrig bleibt. Sie werden euch niemals etwas anderes nennen als Accidentien; diese aber gehören zu den Principien der Individuation und bewirken die Besonderheit. Denn die Materie kann nicht anders zur Besonderheit eingeschränkt werden, als durch eine Form; und diese Form, weil sie das constituirende Princip einer Substanz ist, soll nach ihnen substantiell sein. Aber nachher können sie sie doch in der Natur nur als etwas accidentielles nachweisen; und endlich, wenn sie nun alles gethan haben, was sie vermögen, so haben sie daran eine substantielle Form freilich, aber keine in der Natur vorhandene, sondern eine rein logische Form ; und so erweist es sich denn schliesslich, dass ein rein logischer Gesichtspunkt als Princip für die Naturerscheinungen gesetzt worden ist.

DICSON. Hat denn Aristoteles das nicht gemerkt?

TEOFILO. Ich glaube, dass er es ganz sicher gemerkt hat, aber sich keine Hilfe wusste; deshalb erklärte er die letzten Unterschiede für unbezeichenbar und unbekannt.

DICSON. Damit, scheint mir, hat er seine Unwissenheit offen
eingestanden; und doch würde ich auch urtheilen, dass es besser ist,
sich solchen philosophischen Grundsätzen zuzuwenden, die in dieser
wichtigen Frage sich nicht hinter Unwissenheit verstecken; wie die des
Pythagoras, Empedokles und deines Philosophen von Nola, deren
Meinungen du gestern berührt hast.

TEOFILO. Des Nolaners Ansicht ist die, dass es *eine* Vernunft ist,
welche jedem Dinge sein Wesen giebt, – die Pythagoreer und Timaeus
nennen sie den Geber der Formen; – *eine* Seele als formales Princip,
welche alle Dinge bildet und gestaltet, – eben dieselben nennen es die
Quelle der Formen; – *eine* Materie, aus der jedes Ding gemacht und
gebildet wird, – diese nennen alle das Gefäss der Formen.

DICSON. Eine Ansicht, die mir sehr zusagt, schon weil sie nirgends
eine Lücke zeigt. In Wahrheit müssen wir nothwendigerweise, da wir
ein constantes und ewiges Materialprincip setzen können, auch ein
Formalprincip derselben Art setzen. Wir sehen alle Formen in der
Natur aus der Materie schwinden und wieder in die Materie eingehen;
daher scheint in Wirklichkeit nichts beständig, nichts fest oder ewig
und werth der Geltung eines Princips, als die Materie. Ueberdies haben
die Formen kein Sein ohne die Materie, an welcher sie entstehen und
vergehen, aus deren Schoosse sie entspringen und in deren Schooss sie
zurückgenommen werden. Deshalb muss die Materie, die immer
dieselbe und immer fruchtbar bleibt, das bedeutsame Vorrecht haben,
als einziges substantielles Princip und als das was ist und immer bleibt
anerkannt zu werden, während alle Formen zusammen nur als
verschiedene Bestimmungen der Materie anzuerkennen sind, welche
gehen und kommen, aufhören und sich erneuern und deshalb nicht alle
das Ansehen eines Princips haben können. Darum haben auch einige
unter jenen, da sie das Verhältnis der Formen in der Natur wohl
erwogen hatten, so weit man es aus Aristoteles und anderen von
ähnlicher Richtung erkennen konnte, zuletzt geschlossen, dass die
Formen nur Accidentien und Bestimmungen an der Materie seien, und
dass deshalb das Vorrecht als Actus und Entelechie zu gelten der
Materie angehören müsse, und nicht solchen Dingen, von denen wir in
Wahrheit nur sagen können, dass sie nicht Substanz noch Natur,
sondern Dinge an der Substanz und an der Natur sind. Diese aber,

behaupten sie, ist die Materie, die nach ihnen ein nothwendiges, ewiges und göttliches Princip ist, wie bei jenem Mauren, dem Avicebron, welcher sie den allgegenwärtigen Gott nennt.

TEOFILO. In diesen Irrthum haben sie sich dadurch verleiten lassen, dass sie keine andere Form als die accidentielle kannten. So hatte jener Maure zwar aus der peripatetischen Lehre, in der er aufgewachsen war, die »substantielle Form« angenommen; aber indem er sie als etwas vergängliches, nicht blos an der Materie veränderliches betrachtete, als ein solches, welches erzeugt wird und nicht erzeugt, begründet wird und nicht begründet, ausgeschlossen wird und nicht ausschliesst, schätzte er sie gering und hielt sie für etwas nichtiges im Vergleich zu der dauernden, ewigen, zeugenden, mütterlichen Materie und so ergeht es sicherlich allen, die nicht wissen, was wir wissen.

DICSON. Das hätten wir denn gründlich abgemacht. Aber es ist Zeit, dass wir von der Abschweifung zu unserer eigentlichen Aufgabe zurückkehren. Wir wissen jetzt die Materie von der Form zu unterscheiden, sowohl von der accidentiellen Form, sei sie sonst wie sie wolle, als von der substantiellen Form. Was zu betrachten übrig bleibt, ist ihre Natur und ihre Realität. Aber zuvor möchte ich wissen, ob man nicht wegen der innigen Vereinigung, in welcher diese Weltseele und universale Form mit der Materie steht, die andere Auffassung derjenigen Philosophen zulassen kann, welche die Thätigkeit nicht von dem Wesen der Materie trennen wollen und diese als etwas göttliches und nicht so schlechtweg formloses betrachten, dass sie nicht ihre Form und Einkleidung sich selber gäbe.

TEOFILO. Nicht leicht; denn schlechthin nichts wirkt auf sich selbst, und immer ist das Wirkende von dem was gewirkt wird oder an dem die Wirkung und Thätigkeit geschieht verschieden. Darum ist es gut, an dem Organismus der Natur Materie und Seele, und an dieser das Allgemeine von den besonderen Arten zu unterscheiden. Deshalb zählen wir in diesem Organismus dreierlei Elemente: zuerst die in den Dingen waltende universelle Vernunft; zweitens die belebende Seele des Ganzen; drittens das Substrat. Aber damit wollen wir demjenigen den Namen eines Philosophen nicht gleich absprechen, welcher diesen geformten Körper, oder wie wir sagen wollen, diesen vernünftigen

Organismus nach seiner Art zu philosophiren auffasst und damit beginnt, als erste Principien etwa die Glieder dieses Körpers zu betrachten, wie Wasser, Luft, Erde, Feuer; oder ätherische Region und Gestirn, oder Geist und Leib, oder Leeres und Volles, jedoch das Leere nicht gefasst wie bei Aristoteles, oder auf eine andere angemessene Weise. Ein solche Philosophie wird mir deshalb nicht gleich verwerflich erscheinen, besonders wenn sie auf dem Fundamente, auf welchem sie baut, oder vermittelst der Form des Gebäudes, welche sie innehält, eine Förderung der speculativen Wissenschaft und der Kenntnis der Naturerscheinungen erreicht, wie es doch wirklich durch viele ältere Philosophen geschehen ist. Denn das müsste ein ehrgeiziger und hochmütiger, eiteler und neidischer Geselle sein, wer andere überreden wollte, es gebe nur einen einzigen Weg zu forschen und zu der Kenntnis der Natur zu gelangen; und nur ein Narr und ein Mensch ohne Urtheil kann von sich selber zu verstehen geben, dass er ihn besitze. Obgleich also der sichrere und gebahntere, an Aussicht reichere und deutlichere Weg und der höhere Standpunkt der Betrachtung immer vorgezogen, höher geehrt und mehr gepflegt werden sollte, so ist doch jede andre Weise nicht zu tadeln, sofern sie nur nicht ohne gute Frucht bleibt, wenn diese auch nicht vom selben Baume stammt.

DICSON. Ihr billigt also das Studium verschiedener Philosophien?

TEOFILO. Höchlich, für den, der dazu Zeit und Geist genug hat; für andre billige ich das Studium der besten, wenn die Götter wollen, dass er sie herausfinde.

DICSON. Dennoch bin ich sicher, dass ihr nicht alle Philosophien billigt, sondern nur die guten und danach die nächst besten.

TEOFILO. So ist's. So verwerfe ich auch unter den verschiedenen Arten zu heilen diejenige nicht, wel che auf magische Weise durch Auflegung von Wurzeln, Anhängung von Steinen und Murmeln von Beschwörungsformeln geschieht, wenn die Strenge der Theologen mir erlaubt, wie ein blosser Naturkundiger zu sprechen. Ich billige das, was auf physischem Wege geschieht und durch Apothekerrecepte sich vollzieht, mit denen die Galle, das Blut, der Schleim, und die Stockung der Säfte bekämpft oder vertrieben wird; ich habe nichts gegen die andere, welche auf chemischem Wege verführt, welche die Fünftel-Essenzen auszieht und vermittelst des Feuers aus allen Zusammensetzungen den Merkur auffliegen, das Salz sich niederschlagen und den Schwefel aufleuchten oder schmelzen lässt. Aber darum will ich in Bezug auf die Heilkunst nicht entscheiden, welche unter so vielen guten Arten die beste sei; denn der Epileptische, an dem der Physiker und der Chemiker ihre Zeit verloren haben, wird, wenn er von dem Magier geheilt wird, nicht ohne Grund diesen Arzt höher stellen, als jenen oder einen dritten. Gleicherweise gehe die andern Arten durch; keine von ihnen wird weniger gut sein als die andere, wenn nur die eine sowohl wie die andere den Zweck, welchen sie sich vorsetzt, auch erreicht, im besonderen sodann ist der Arzt besser, der mich heilt, als die, die mich sterben lassen oder unnütz peinigen.

GERVASIO. Woher kommt es denn, das diese Schulen der Aerzte sich untereinander so anfeinden?

TEOFILO. Vom Geiz, vom Neid, vom Ehrgeiz und von der Unwissenheit. Gemeinhin verstehen sie kaum die eigne Heilmethode; weit gefehlt also, dass sie für diejenige andrer ein Verständnis haben könnten. Ueberdies bemüht sich der grössere Theil, da er sich nicht mit eigner Kraft zu Ehre und Gewinn erheben kann, sich durch die Herabsetzung anderer zu erheben, indem er vorgiebt, das zu verachten, was er sich nicht in eigen machen kann. Aber der beste und rechte unter ihnen ist der, welcher nicht so sehr Physiker ist, dass er nicht auch Chemiker und Mathematiker wäre. – Um also auf unsern Gegenstand zurückzukommen: unter den Arten der Philosophie ist diejenige die bessere, welche die Verrichtung des menschlichen Verstandes förderlicher und erhabener vollbringt, der Wahrheit der Natur besser entspricht und so weit als möglich mit ihr Hand in Hand geht, entweder indem sie sie ahnend durchschaut, – ich meine auf dem geordneten natürlichen Wege und durch Erwägung der wechselnden Erscheinung, nicht durch thierischen Instinct, wie die Bestien und diejenigen, welche ihnen ähnlich sind, nicht durch Eingebung guter oder böser Dämonen, wie die Propheten, auch nicht durch schwarzgallichte Verzückungen, wie die Dichter und andere beschaulichen Geister verfahren, – oder indem sie Gesetze anordnet und die Sitten verbessert, oder heilt oder auch ein glückseligeres und göttlicheres Leben kennen und führen lehrt. Ihr seht also, wie es nicht *eine* von verständigem Sinne getragene Art von Philosophie giebt, welche nicht irgend etwas gutes eigenthümlich für sich hätte, was in den andern nicht enthalten ist. Das Gleiche, meine ich, gilt von der Heilkunst, welche sich auf Principien gründet, die gerade so einen einigermassen fortgeschrittenen Zustand der Philosophie voraussetzen, wie die Thätigkeit des Fusses oder der Hand diejenige des Auges. Deshalb sagt man, dass niemand einen guten Anfang in der Heilkunst machen kann, der nicht einen guten Abschluss in der Philosophie gemacht hat.

DICSON. Es gefällt mir sehr an euch, und ich lobe es höchlich, dass ihr einerseits nicht so ungehobelt, andererseits nicht so schmähsüchtig und ehrgeizig seid wie Aristoteles, welcher die Meinungen aller andern Philosophen wie ihre Methoden durchaus verworfen wissen wollte.

TEOFILO. Und dabei kenne ich unter allen Philosophen, die es giebt, keinen, der sich mehr auf leere Einbildungen gründete, und sich weiter von der Natur entfernte als er. Und wenn er doch zuweilen vortreffliche Dinge sagt, so sind sie offenbar gar nicht aus seinen Prinzipien abgeleitet, vielmehr sind es immer von andern Philosophen entlehnte Sätze, und deren finden sich in der That viele herrliche in dem Buche von der Erzeugung, von Meteoren, von Thieren und Pflanzen.

DICSON. Um uns also zu unserm Thema zurückzuwenden : ist es denn eure Meinung, dass die Materie ohne Irrthum und ohne dass man sich in Widersprüche verwickelt, auf verschiedene Weise definirt werden könne?

TEOFILO. Grade so, wie über denselben Gegenstand verschiedene Sinne ihr Urtheil abgeben und dasselbe Object sich auf verschiedene Weise darstellen kann. Ausserdem kann man, wie schon angedeutet, bei der Betrachtung eines Objects von sehr verschiedenen Gesichtspunkten ausgehen. Die Epikureer haben sehr viel gutes gesagt, obgleich sie sich nicht über die materielle Qualität erhoben. Viel

vortreffliches hat Heraklitus ausgesprochen, obgleich er nicht über die
Seele hinauskam. Anaxagoras verfehlt nicht, die Erkenntnis der Natur
zu fördern, indem er nicht allein in dieselbe eindrang, sondern
ausserhalb und vielleicht über derselben eine Vernunft erkennen
wollte, dieselbige welche von Sokrates, Plato, Trismegistus und unsern
Theologen Gott genannt wird. So hindert nichts, dass zur Aufdeckung
der Geheimnisse der Natur ganz ebensogut ein solcher anleite, der in
der Weise der von den anderen als einfältig Gescholtenen von der
Erfahrung ausgeht, wie diejenigen, welche von einer begrifflichen
Theorie ausgehen; und unter diesen nicht weniger wer von
Complexionen als wer von Humoren ausgeht; und ebensogut wie
dieser auch derjenige, welcher von den sinnlich wahrnehmbaren
Elementen aus, oder welcher von grösserer Höhe, von jenen absoluten
Wesenheiten, oder von der Materie allein, dem höchsten und
bestimmtesten Princip von allen, sich herablässt. Denn zuweilen wird,
wer den längeren Weg nimmt, deshalb keine so erfolgreiche Reise
machen, besonders wenn sein Ziel nicht sowohl die Theorie als die
Praxis ist. Was ferner das philosophische Verfahren anbetrifft, so wird
der Erfolg so ziemlich der gleiche sein, ob man nun die Formen wie
aus einem verwickelten Knäuel aufwickelt, oder sie gleichsam aus
einem Chaos entwirrt, ob man sie aus einer Quelle der Ideen schöpft,
aus Potentialität zur Actualität befördert, sie aus einem Schoosse
heraufholt, oder sie aus einem blinden und düstern Abgrund ans Licht
hervorzieht. Denn jedes Fundament ist gut, wenn es sich durch das
Tragen des Gebäudes bewährt; jeder Same ist willkommen, wenn die
Bäume und Früchte begehrenswerth sind.

DICSON. Um also zu unserm Ziele zu kommen, so gefalle es euch,
uns die Lehre von jenem Princip in aller Bestimmtheit vorzutragen.

TEOFILO. Jedenfalls kann das Princip, welches man Materie nennt,
auf zwei Weisen betrachtet werden: erstens als Vermögen, zweitens als
Substrat. In der ersten Bedeutung, als Vermögen genommen, so giebt
es keine Sache, in welcher man sie nicht in gewisser Weise und in
eigenthümlicher Beziehung wiederfinden könnte. Die Pythagoreer,
Platoniker, Stoiker und andre haben sie ebensowohl in die intelligible
als in die sinnliche Welt gesetzt; und wir, die wir sie nicht ganz so wie
jene, sondern in einem noch höheren und umfassenderen Sinne

nehmen, denken über das Vermögen oder vielmehr über die Möglichkeit folgendermassen. Das Vermögen unterscheidet man gemeinhin in actives, vermittelst dessen das Substrat desselben wirken kann, und in passives, vermöge dessen es sein oder empfangen oder haben oder in irgend einer Weise das Objekt eines Wirkenden sein kann. Von dem activen Vermögen für den Augenblick absehend, sage ich: das Vermögen, in passivem Sinne gefasst – wenn es auch nicht gerade allezeit passiv ist – kann entweder im relativen oder im absoluten Sinne betrachtet werden. So ist kein Ding, von dem man das Sein aussagt, wovon man nicht auch das Seinkönnen aussagte, und das passive Vermögen entspricht so gänzlich dem activen Vermögen, dass keines irgendwie ohne das andre ist. Wenn daher das Vermögen zu machen, hervorzubringen, zu schaffen immer gewesen ist, so ist auch das Vermögen, gemacht, hervorgebracht und geschaffen zu werden, immer vorhanden gewesen. Denn das eine Vermögen implicirt das andre, ich will sagen, es setzt, selbst als seiend gesetzt, nothwendig das andre mit. Weil nun dieses Vermögen an dem, von dem es ausgesagt wird, nicht einen Mangel bedeutet, sondern vielmehr die Kraft und Wirksamkeit desselben nur bestätigt, und weil es sich endlich sogar als durchaus eines und dasselbe mit dem activen Vermögen erweist, so trägt kein Philosoph noch Theolog Bedenken, es auch dem höchsten übernatürlichen Princip beizulegen. Denn die absolute Möglichkeit, vermöge deren das, was wirklich ist, sein kann, ist nicht früher als die Wirklichkeit und nicht im geringsten später als sie, und das Seinkönnen ist deshalb zusammen mit dem wirklichen Sein und geht ihm nicht voran. Denn wenn das Seinkönnende sich selber wirklich machte, so würde es sein, bevor es wirklich geworden wäre. Nun betrachte das oberste und vollkommenste Princip, welches alles das ist, was es sein kann. Es würde nicht alles sein, wenn es nicht alles sein könnte; in ihm sind also Wirklichkeit und Vermögen eins und dasselbe. Mit den andern Dingen verhält es sich nicht so. Mögen sie immerhin sein, was sie sein können, so können sie doch vielleicht auch nicht sein und sicher etwas anderes oder auf andre Weise sein, als sie sind. Denn kein anderes Ding ist alles das, was es sein kann. Der Mensch ist das was er sein kann; aber er ist nicht alles das was er sein kann. Der Stein ist nicht alles das was er sein kann; denn er ist kein Kalk, kein Gefäss, kein Staub, kein Kraut. Das was alles ist was es sein kann, ist ein Einiges, was in seinem Sein alles Sein enthält. Es ist alles was ist und kann jedes beliebige andere sein, was ist und sein kann. Jedes andere ist nicht so; deshalb ist hier das Vermögen nicht gleich der Wirklichkeit, weil es nicht absolute, sondern begrenzte Wirklichkeit ist. Und ebenso ist auch das Vermögen immer auf *eine* Wirklichkeit beschränkt, weil es immer nur ein specifisches und besonderes Dasein hat; und wenn es dennoch auf jede Form und jede Wirklichkeit sich bezieht, so geschieht auch dies vermittelst bestimmter Anlagen und so dass ein Sein das andere nach einer bestimmten Ordnung und Reihenfolge ablöst. Jedes Vermögen also und jede Wirklichkeit, welche im obersten Princip gleichsam zusammengewickelt, ein Vereinigtes und Einiges ist, ist in den andern Dingen aufgewickelt, zerstreut und vervielfacht. Das Universum, dieses erhabene Ebenbild und Abbild, diese eingeborene Natur, ist gleichfalls alles was es sein kann, sofern die Arten und die hauptsächlichsten Glieder dieselben bleiben und es der Inbegriff aller Materie ist, zu welchem nichts hinzukommt und dem nichts von aller und jeglicher Form fehlt. Aber es ist doch nicht alles, was es sein kann, weil auch die Unterschiede, Bestimmtheiten, Eigenthümlichkeiten und Individuen bleiben. Deshalb ist das Universum nur ein Schatten der Ur-Wirklichkeit und des Ur-Vermögens; und insofern ist in ihm Vermögen und Wirklichkeit nicht absolut dasselbe, weil keiner seiner Theile alles das ist, was es sein kann. In dem besonderen oben bezeichneten Sinne ferner ist das Universum alles das, was es sein kann, auf eine explicirte, zerstreute, unterschiedene Weise; sein Princip dagegen ist eben dies in einheitlicher und unterschiedsloser Weise, weil es alles in allem und eins und dasselbe als das schlechthin Einfache ohne Unterschied und Bestimmtheit ist.

DICSON. Wie erklärst du aber den Tod, den Untergang das Böse, die physischen Uebel, die Missgeburten? Bist du der Meinung, dass auch sie ihre Stelle in dem haben, was alles ist, was es sein kann, und was alles das in Wirklichkeit ist, was es dem Vermögen nach ist?

TEOFILO. Diese Dinge sind nicht Wirklichkeit und nicht Vermögen, sondern Mangel und Unvermögen. Sie finden sich in den explicirten Dingen, weil diese nicht alles sind, was sie sein können, und durch äusseren Zwang werden, was sie sein können. Da sie daher nicht zugleich und auf einmal so vieles sein können, so geben sie das eine

Sein auf, um das andere zu erlangen; zuweilen vermischt sich in ihnen das eine Sein mit dem anderen, und zuweilen sind sie verkümmert, mangelhaft, verstümmelt, weil dieses Sein mit jenem sich nicht verträgt und weil die Materie durch dieses oder jenes schon in Anspruch genommen ist. Doch kehren wir nun zu unserer Aufgabe zurück. Das erste absolute Princip ist also Erhabenheit und Grösse, und zwar eine solche, dass es alles das ist, was es sein kann. Es ist nicht gross in dem Sinn, dass es auch wohl noch grösser oder kleiner sein oder dass es getheilt werden könnte, wie jede andere Grösse, welche nicht alles ist, was sie sein kann; vielmehr ist es die allergrösste, allerkleinste, unendliche, untheilbare Grösse und von jeglichem Masse. Sie ist nicht das Grösste, weil sie das Kleinste ist; sie ist nicht das Kleinste, weil sie ebensowohl das Grösste ist; sie ist über jede Gleichheit hinaus, weil sie alles ist, was sie sein kann. Was ich von der Grösse sage, das verstehe von allem dem, was man aussagen kann; denn es ist auf ähnliche Weise die Güte, welche alle Güte ist, die da sein kann; es ist die Schönheit, welche alles Schöne ist, was da sein kann, und es giebt nichts anderes Schönes, welches alles das wäre, was es sein kann, ausser diesem einen. Es ist nur ein Einziges, was auf absolute Weise alles ist und alles sein kann. In den Erscheinungen der Natur sehen wir ferner nichts, was etwas anderes wäre als das, was es in Wirklichkeit ist, vermöge deren es das ist, was es sein kann, um überhaupt eine bestimmte Art von Wirklichkeit zu haben; dennoch ist es auch in diesem seinem einzigen specifischen Sein niemals alles das, was ein beliebiges besonders Ding sein kann. Da ist die Sonne. Sie ist nicht alles das was die Sonne sein kann; sie ist nicht überall, wo die Sonne sein kann. Denn wenn sie im Osten über der Erde steht, so steht sie nicht im Westen, nicht im Süden noch in einer andern Himmelsrichtung. Wenn wir also die Art zeigen wollen, auf welche Gott Sonne ist, so werden wir sagen, weil er alles ist, was er sein kann, dass er zugleich im Osten, im Westen, im Süden, im Norden und in jedem beliebigen Punkte des Erdenrundes ist. Wenn wir von dieser Sonne – sei es vermöge ihrer eigenen Umwälzung oder derjenigen der Erde – annehmen wollen, dass sie Bewegung und Ortsveränderung hat, so wird sie, weil sie nicht *actualiter* in einem Punkte ist ohne das Vermögen in allen andern zu sein, und weil sie doch alles ist, was sie sein kann, und alles das besitzt was zu besitzen sie fähig *ist*: so wird sie also zugleich überall und in allem sein und dermassen das

beweglichste und schnellste dass sie auch das stätigste und
unbeweglichste ist. Deshalb finden wir in den göttlichen Aussprüchen,
dass sie in Ewigkeit stätig und das schnellste genannt wird, dass sie
von einem Ende zum andern läuft. Denn das wird als unbeweglich
gedacht, was in einem und demselben Augenblick von dem Ostpunkte
aufbricht und zu dem Ostpunkte zurückgekehrt ist. Ueberdies wird sie
nicht weniger im Osten als im Westen und in jedem andern Punkte
ihres Umlaufs gesehen: deshalb ist nicht mehr Grund zu der
Behauptung vorhanden, dass sie von diesem Punkte zu jenem, als dass
sie von jedem beliebigen andern der unendlich vielen Punkte zu
demselbigen gehe und zurückkehre, gegangen und zurückgekehrt sei.
Daher wird sie ganz und immer in dem ganzen Umkreis und in
jeglichem Theile desselben sein; und folglich enthält jeder untheilbare
Punkt der Ekliptik den ganzen Durchmesser der Sonne. So enthält ein
Untheilbares das Theilbare, nicht vermöge eines natürlichen, sondern
eines übernatürlichen Vermögens, d.h. wenn vorausgesetzt würde, dass
die Sonne das wäre, was in Wirklichkeit alles ist, was es sein kann.
Das so absolute Vermögen ist nicht allein das, was die Sonne sein
kann, sondern das was jedes Ding ist und was jedes Ding sein kann,
aller Vermögen Vermögen, aller Wirklichkeiten Wirklichkeit, aller
Leben Leben, aller Seelen Seele, alles Wesens Wesen. Daher der
erhabene Ausspruch der Offenbarung: »Der welcher ist, schickt mich;
der welcher ist, spricht also.« Deshalb ist das, was sonst
widersprechend und entgegengesetzt ist, in ihm eines und dasselbe,
und jedes Ding ist in ihm dasselbe. So gehe denn hinaus über die
Unterschiede der Zeiten und Zeiträume, wie über die der
Wirklichkeiten und Möglichkeiten; denn für ihn giebt es nichts altes
und nichts neues, und treffend heisst er in der Offenbarung der Erste
und der Letzte.

DICSON. Diese absoluteste Wirklichkeit, welche identisch ist mit dem
absolutesten Vermögen, kann von dem Verstände nur auf dem Wege
der Negationen begriffen werden: d.h. sie kann nicht erfasst werden,
sofern sie alles sein kann, noch sofern sie alles ist. Denn die Vernunft,
wenn sie verstehen will, muss sich eine verstandesmässige Vorstellung
bilden, sich ihr anähnlichen, sie nach sich messen, mit sich
ausgleichen. Alles das ist hier unmöglich. Denn der Verstand ist
niemals so gross, dass er nicht noch grösser sein könnte; jenes aber,

indem es von allen Seiten und in jedem Sinne unermesslich ist, kann nicht noch grösser sein. Es giebt also kein Auge, welches sich diesem allererhabensten Licht und diesem allertiefsten Abgrund annähern könnte oder einen Zugang zu ihm hätte.

TEOFILO. Das Zusammenfallen dieser Wirklichkeit mit dem absoluten Vermögen ist von dem göttlichen Geiste sehr klar beschrieben worden, wo es heisst: »Die Finsterniss wird nicht von dir verdunkelt werden. Die Nacht wird erhellt werden wie der Tag. Wie seine Finsterniss, so ist auch sein Licht.« Zum Schlusse also: ihr seht, wie gross die Herrlichkeit des Vermögens ist. Wenn es euch nun gefällt, dies Vermögen das Wesen der Materie zu nennen, das die landläufigen Philosophen so wenig durchdrungen haben, so könnt ihr der Materie, ohne der Gottheit etwas zu vergeben, eine noch höhere Bedeutung anweisen, als selbst Plato in seiner Republik und als Timaeus. Diese haben manchen Gottesgelehrten ein Aergerniss verursacht, als hätten sie das Wesen der Materie allzuhoch gestellt. Das kam daher, entweder dass sie sich nicht gut ausgedrückt, oder dass jene sie nicht richtig verstanden haben. Denn in den Anschauungen des Aristoteles aufgewachsen, fassen jene die Bedeutung der Materie immer blos in dem Sinne des Substrates der Naturerscheinungen, und bedenken nicht, dass die Materie bei den anderen etwas der intelligiblen und sinnlichen Welt gemeinsames ist, und dass das Wort hier durch eine auf der Analogie mit dem eigentlichen Gebrauche beruhende Erweiterung eine neue Bedeutung empfangen hat. Deshalb sollte man die Meinungen erst mit aller Sorgfalt prüfen, ehe man sie verdammt, und auf die Verschiedenheiten des Sprachgebrauchs ebenso sehr achten, wie auf die der Ansichten, zumal da sie zuweilen, auch wenn alle in einem gemeinsamen Begriff der Materie übereinstimmen, doch nachher in der eigenthümlichen Anwendung auseinandergehen. Was nun unsern Gegenstand betrifft, so kann unmöglich, wenn man vom Namen »Materie« absieht, irgend ein Theologe, sei er von Gemüth auch noch so sophistisch und übelwollend, mich wegen dessen, was ich von dem Zusammenfallen von Vermögen und Wirklichkeit, beide Ausdrücke im absoluten Sinne nehmend, behaupte und meine, der Gottlosigkeit zeihen. Ich möchte nun, den Vergleich soweit festhaltend, als es erlaubt ist, folgenden Schluss ziehen. Jenes Ebenbild der Ur-Wirklichkeit und des Ur-Vermögens ist in

specifischer Wirklichkeit alles das, was es seinem specifischen
Vermögen nach ist. Sofern also das Universum in diesem Sinne alles
das ist, was es sein kann, – sei es auch in Bezug auf die »numerale«
Wirklichkeit und das »numerale« Vermögen, wie es wolle: – so hat es
ein Vermögen, welches von der Wirklichkeit, eine Seele, welche vom
Beseelten nicht gesondert ist; ich meine nicht das Zusammengesetzte,
sondern das Einfache. Daher wird es ebenso ein erstes Princip des
Universums geben, welches man gleichfalls eben so wenig mit dem
Unterschiede der Form und Materie behaftet denken muss, und
welches man aus der Analogie mit dem Vorhergenannten als absolutes
Vermögen und absolute Wirklichkeit erschliessen kann. Deshalb wird
es nicht schwierig und nicht bedenklich sein, schliesslich anzunehmen,
dass *das Ganze der Substanz nach eines* ist, und so verstand es
vielleicht Parmenides, den Aristoteles unedel genug behandelt hat.

DICSON. Seid ihr also der Meinung, dass es zwar beim Herabsteigen
auf jener Stufenleiter der Natur eine doppelte Substanz, eine geistige
und eine körperliche giebt, aber schliesslich beide auf *ein* Wesen und
eine Wurzel zurückgehen?

TEOFILO. Wenn es euch scheint, dass es diejenigen, die nicht weiter
als bis zu jenem Punkte vordringen, ertragen können.

DICSON. Mit grösster Leichtigkeit, wenn du dich nur nicht über die
Schranken der *Natur* erhebst.

TEOFILO. So bin ich bereits verfahren. Wenn wir nicht dieselbe
Auffassung und dieselbe Art haben von der Gottheit zu reden, wie der
gemeine Mann, so ist unsere Auffassung wenn auch eigenthümlich,
doch keineswegs jener anderen entgegengesetzt oder fremdartig, nur
vielleicht klarer und entwickelter, der Bestimmung gemäss, dass sie
nicht über die Grenzen unseres Verstandes hinausgeht, von der ich
euch versprochen habe, mich nicht zu entfernen.

DICSON. Vom Materialprincip im Sinne der Möglichkeit oder des
Vermögens ist nun genug gehandelt. Morgen gefalle es euch, die
Betrachtung eben desselbigen unter dem Gesichtspunkte des Substrats
vorzunehmen.

TEOFILO. So werde ich verfahren.

GERVASIO. Auf Wiedersehn also!

POLIINNIO. Seien uns die *Omina* günstig!

Vierter Dialog

POLIINNIO. *Et os vulvae nunquam dicit: sufficit.* Das heisset,
nämlich, natürlich, sintemalen, so zu sagen, die Materie – denn diese
ist darunter zu subintelligiren – ersättiget sich niemalen durch
Recipirung von Formen. Da nun in diesem Lyceo oder vielmehr
Antilyceo niemand anders vorhanden ist: so will ich einsam – ich sage
einsam, d.h. eigentlich weniger einsam als irgend jemand in der Welt –
auf und ab spazierend mit mir selber einen *Dialogum* halten. Die
Materie also des Fürsten der Peripatetiker und Gouverneurs jenes
hocherhabenen Genies, des grossen Makedoniers, nicht weniger als die
des göttlichen Platon und anderer, – man benamset sie bald Chaos,
bald Hyle, bald Silva, bald Massa, bald Potentia, bald Anlage, bald der
Privation Beigemischtes, bald der Sünde Grund, bald das zum Bösen
Geordnete, bald das an sich Nichtseiende, bald das an sich nicht
Erkennbare, bald das nur *per analogiam ad formam* Erkennbare, bald
tabula rasa, bald das jeder Schilderung Unzugängliche, das *Subjectum,
Substratum, Substerniculum,* bald ein frei Gefild, ein Unendliches, ein
unbestimmtes, bald ein *prope nihil,* bald weder ein *Quid* noch ein
Quale noch ein *Quantum,* – also nachdem ich mich mit verschiedenen
und wechselnden Nomenclaturen, um dieses Wesen zu definiren,
zermartert: die Materie wird von denjenigen, welche zum Ziele treffen,
ein Weib genennet, kurzum, sage ich, um alle jene Wörtlein in eins
zusammenzufassen, sie wird von denen, so die Sache recht ponderiren,
ein Femininum betituliret. Und beim Hercules, nicht ohne sehr triftige
rationes hat es diesen Senatoribus im Reiche der Pallas gefallen, diese
beiden Dinge, die Materiam und das Weib, einander gleich zu setzen.
Denn dadurch, dass sie deren Nichtswürdigkeit an sich inne geworden,
sind sie zu solcher Wuth und Verbitterung geführt worden, – hier
kommt nun ein *Color rhetoricus* recht zu passe. – O die Weiber! sie
sind ein Chaos von Unvernunft, eine Hyle von Ruchlosigkeit, eine

Silva von Nichtswürdigkeiten, eine Massa von Unlauterkeit, eine Potentia zu jeglicher Verworfenheit – nun kommt ein anderer *Color rhetoricus,* so da manche eine *Complexio* benennen! – Wo ist die Zerstörung Trojas in nicht bloss entfernter, sondern sogar naher Möglichkeit gewesen? In einem Weibe. Was ist das Instrumentum zur Zerstörung Simsonischer Stärke gewesen? jenes Heroensage ich, der mit einem gefundenen Eselskinnbacken der unüberwindliche Triumphator über die Philister geworden? Ein Weib. Wer bezwang in Capua den Ungestüm und die Gewalt des Hannibal, jenes grossen Generals und ewigen Feindes der römischen Republik? Ein Weib. Nun kommt eine *Exclamatio!* Nenne du mir, du Harfner und Prophet zugleich, den Grund deiner Hinfälligkeit! »Weil mich meine Mutter in Sünden empfangen hat.« Wie, wurdest du, o du unser uralter Protoplast, als du der Gärtner des Paradieses warst und beim Baume des Lebens der Flur pflegtest, so heruntergebracht, dass du dich mit dem ganzen Keime des Menschengeschlechts zum tiefen Pfuhl des Verderbens selber herabgestossen? »Das Weib, welches er mir zugesellet, sie, sie hat mich betrogen.« Ohne Zweifel, die Form sündigt nicht, und von keiner Form kommt der Irrthum her, es wäre denn weil sie mit der Materie copuliret ist. Also es ist die durch das Masculinum bezeichnete Form, die da, weil sie in nähere Beziehung zur Materie, versetzt worden, und in Verbindung oder Verkuppelung mit jener gerathen, mit diesen Worten oder mit dieser Sentenz der *Natura naturans* antwortet: »Das Weib, das du mir gegeben«, d.h. die Materie, die du mir zur Genossin gegeben, »sie hat mich betrogen«, d.h. sie ist der Fallstrick zu aller meiner Sünde. Betrachte, o betrachte nur du göttliches Ingenium, wie die vortrefflichen Philosophen und scharfsinnigen Zergliederer der Eingeweide der Natur, um uns das Wesen der Materie vollkommen vor Augen zu stellen, keinen passenderen Modum gefunden haben, als uns durch jene Analogie darauf zu führen, welche besagen will, dass der Zustand der Natur durch Einwirkung der Materie derselbe ist, wie der wirthschaftliche, politische und bürgerliche es ist durch das Gezücht der Weiber. Oeffnet, o öffnet die Augen, und.... Ah, ich erblicke jenen Coloss von Grossmauligkeit, den Gervasio, der meiner kraftvollen Rede Faden unterbricht. Ich fürchte, er möge mich belauscht haben. Nun, was thut's?

GERVASIO. Gegrüsset seist du, o Magister, der hochgelahrten Männer vorzüglichster!

POLIINNIO. Wenn du nicht, – wie du pflegest, mich blos verspotten willst, sei auch du gegrüsset.

GERVASIO. Ich möchte wissen, was das bedeutet, dass du da so allein herumspazierst und grübelst?

POLIINNIO. In meinem kleinen Museum studirend bin ich auf jene Stelle des Aristoteles gestossen, *libro primo Physicorum, in calce,* wo er klar machen will, was die *materia prima* sei, und zum Spiegel das weibliche Geschlecht nimmt, ich meine dieses widerspenstige, gebrechliche, unbeständige, weichliche, kindische, schändliche, verächtliche, gemeine, verworfene, verkümmerte, unwürdige, verruchte, unheilvolle, nichtswürdige, kalte, missgestaltete, leere, eitle, unbesonnene, thörichte, treulose, träge, widerliche, garstige, undankbare, verstümmelte, verderbte, unvollkommne, unvollendete, unzureichende, verpfuschte, kümmerliche, unerquickliche Geschlecht, diesen Mehlthau, diese Nessel, dies Unkraut, diese Pest, diese Seuche, diesen Tod:
> Von der Natur und Gottes Rächerhand
> Als schwere Last und Strafe uns gesandt.

GERVASIO. Ich weiss wohl, dass ihr das sagt, mehr um euch in der Kunst des Rhetors zu üben und zu zeigen, wie sprachgewaltig und beredt ihr seid, als weil ihr die Meinung, die ihr in Worten aussprecht, auch wirklich hegtet. Denn bei euch, ihr Herren Humanisten, die ihr euch Lehrer der freien Künste nennt, ist es blosse Gewohnheit, wenn ihr euch voll von solchen Concetti findet, die ihr nicht bei euch behalten könnt, dass ihr sie nirgends anders als über die armen Frauen entladet; wie ihr, wenn euch irgend ein anderer Groll bedrückt, ihn an dem ersten besten Uebelthäter unter euren Schülern auslasst. Aber hütet euch, ihr Herren von Orpheus Art, vor dem wüthenden Zorn der thracischen Weiber.

POLIINNIO. Poliinnio bin ich, ich bin nicht Orpheus.

DICSON. Ihr tadelt also die Weiber nicht aus wahrer Meinung?

POLIINNIO. Woraus denn anders? Ich spreche immer aus wahrer Meinung und denke nicht anders als ich rede; denn ich mache mir nicht nach Sophistenart ein Gewerbe daraus, euch zu beweisen, dass weiss schwarz ist.

GERVASIO. Warum färbt ihr euch denn den Bart?

POLIINNIO. Aber ich spreche frei heraus und sage, dass ein Mann ohne Frau einer der reinen Intelligenzen gleich ist; der ist ein Heros, sage ich, ein Halbgott, wer sich mit keinem Weibe belastet hat.

GERVASIO. Auch einer Auster ist er ähnlich und einem Schwamm ausserdem und eine Trüffel ist er.

POLIINNIO. Deshalb hat der Lyriker so göttlich schon gesagt: »Glaubt, Pisonon, es ist doch eh'los leben das beste.« Und willst du den Grund wissen, so höre den Philosophen Secundus. Das Weib, sagt er, ist ein Hindernis der Kühe, ein beständiger Schaden, ein täglicher Krieg, ein Gefängnis für's Leben, ein Sturm im Hause, der Schiffbruch des Mannes. Das hat auch jener Biscajer bestätigt, der durch ein schreckliches Unglück und die Wuth des Meeres in Ungeduld und Zorn versetzet, mit scheelem und zornigem Gesicht sich zu den Wellen wandte und also sprach: »O Meer, Meer, dass ich dich verheirathen könnte!« Er wollte damit zu erkennen geben, dass das Weib der Sturm der Stürme ist. Darum antwortete auch Protagoras auf die Frage, warum er seine Tochter seinem Feinde gegeben habe, er könne ihm nichts schlimmeres anthun, als ihm eine Frau geben. Ferner wird mich jener französische Ehrenmann nicht Lügen strafen, der, als ihm wie den anderen in der Noth eines gefährlichen Seesturmes von Cicala, dem Schiffsherrn, befohlen wurde, die schwersten Lasten ins Meer zu werfen, zuerst sein Weib hinabwarf.

GERVASIO. Ihr führt als Gegenstück nicht die vielen anderen Beispiele an, von Männern, die sich durch ihre Weiber höchst beglückt geachtet haben. Und um euch nicht auf weit Entferntes zu verweisen, so hat hier unter eben diesem Dach der Herr von Mauvissière eine Frau

errungen, die nicht nur mit nicht gewöhnlicher Körperschönheit als
Hülle und Kleid der Seele, sondern auch mit dem Dreiklang von
klugem Sinn, edler Sittsamkeit und ehrbarer Artigkeit begabt, mit
unauflöslichen Banden die Seele ihres Gemahls gefesselt hält und
jeden, der sie kennt, für sich einzunehmen vermag. Und was willst du
von seiner edlen Tochter sagen? Kaum ein Jahr über ein Lustrum hat
sie die Sonne gesehen, und doch konntest du an der Sprache nicht
erkennen, ob sie aus Italien, aus Frankreich oder England ist; an ihrer
Hand, wenn sie ein musikalisches Instrument spielt, nicht abnehmen,
ob sie eine körperliche oder unkörperliche Substanz ist, und wegen der
frühzeitigen Lauterkeit ihrer Sitten würdest *da* zweifeln, ob sie vom
Himmel herabgestiegen, oder von der Erde stammt. Jeder sieht, dass in
ihr ebensowohl um einen so schönen Körper zu bilden das Geblüt, als
um einen so ausgezeichneten Geist hervorzubringen, die Vorzüge des
Heldengeistes beider Eltern sich vereinigt haben.

POLIINNIO. Eine *rara avis,* diese Maria von Boshtel! Eine *rara avis,*
diese Maria von Castelnau!

GERVASIO. Dieses Rarsein, das ihr von den Frauen aussagt, kann
man gerade so auch von den Männern sagen.

POLIINNIO. Kurz, um auf besagten Gegenstand zurückzukommen,
das Weib ist nichts anderes als eine Materie. Wenn ihr nicht wisst, was
ein Weib ist, weil ihr nicht wisst, was Materie ist, so studirt eine Zeit
lang die Peripatetiker, welche, indem sie euch lehren, was die Materie
ist, euch gleichermaassen lehren werden, was ein Weib ist.

GERVASIO. Ich sehe wohl, dass ihr mit eurem peripatetischen Gehirn
wenig oder nichts von dem verstanden habt, was Teofilo gestern über
Wesen und Vermögen der Materie gesagt hat.

POLIINNIO. Mit dem andern sei's wie's wolle: ich bleibe dabei, den
Appetitum der einen wie der andern als die Ursache alles Bösen, alles
Leidens, alles Mangels, alles Untergangs, aller Zerstörung zu tadeln.
Glaubt ihr nicht, dass wenn die Materie sich mit der Form begnügte,
die sie hat, keine Veränderung und kein Leiden Herrschaft über uns
haben, wir nicht sterben, unvergänglich und ewig sein würden?

GERVASIO. Und wenn sie sich mit der Form begnügt hätte, welche sie vor 50 Jahren hatte, was würdet ihr sagen? Würdest du Poliinnio sein? Wenn sie unter der Form, die sie vor 40 Jahren hatte, beschlossen geblieben wäre, würdest du so verwachsen – ich wollte sagen, so erwachsen – so vollkommen und so gelehrt sein? Wie es dir also ganz recht ist, dass die andern Formen dieser gewichen sind, so ist es der Wille der Natur, welche das Universum ordnet, dass alle Formen allen weichen. Ausserdem verleiht es dieser unserer Substanz eine höhere Bedeutung, dass sie jegliches wird, indem sie alle Formen annimmt, als wenn sie eine einzige festhielte und immer nur etwas particuläres wäre. Denn so hat sie nach Möglichkeit Aehnlichkeit mit dem, was alles in allem ist.

POLIINNIO. Du fängst mir an, gelehrt zu werden, und dein gewöhnliches Naturell zu verleugnen. So führe denn, wenn du kannst, das Gleichniss durch, und male die Bedeutung aus, die das Weib besitzt.

GERVASIO. Das wird mir nicht schwerfallen. Doch sieh, da ist Teofilo!

POLIINNIO. Und Dicson. Ein ander Mal also. Genug für jetzt.

TEOFILO. Sehen wir nicht Peripatetiker und auch Platoniker die Substanz in körperliche und unkörperliche eintheilen? Wie nun diese Unterschiede in einer über ihnen stehenden Gattung dem Vermögen nach enthalten sind, so müssen auch die Formen von zwei Arten sein. Die einen nämlich sind transscendent, d.h. sie stehen höher als jeder Gattungsbegriff; diese nennt man Principien, z.B. Wesenheit, Einheit, Eines, Ding, Etwas und dergleichen. Andere gehören einer bestimmten Gattung an und sind von anderen Gattungen unterschieden, wie z.B. Substantialität, Accidentialität. Die Formen der erstgenannten Art setzen keine Unterschiede in der Materie und ertheilen ihr nicht ein Vermögen und dann wieder ein anderes, sondern als allgemeinste Bestimmungen, welche sowohl die körperlichen wie die unkörperlichen Substanzen unter sich befassen, bezeichnen sie das allerallgemeinste, gemeinsamste und einheitliche Vermögen beider Arten von Substanzen. In Anbetracht dessen sagt Avicebron: »Wenn wir doch, bevor wir die Materie der accidentiellen Formen, d.h. das Zusammengesetzte, setzen, die Materie der substantiellen Form, welche ein Theil von jener ist, setzen: was hindert uns, ebenso, bevor wir die bis zu körperlicher Existenzform contrahirte Materie setzen, ein Vermögen anzunehmen, welches die Form der körperlichen und unkörperlichen, der vergänglichen und der unvergänglichen Natur noch ungeschieden in sich befasst?« Ferner, alles was ist, vom höchsten und obersten Wesen an, hält eine bestimmte Ordnung inne und bildet eine Reihenfolge, eine Stufenleiter, auf der man von dem Zusammengesetzten zum Einfachen, von diesem zum Einfachsten und Absolutesten durch Mittelglieder aufsteigt, welche zwischen beiden Extremen liegen, welche beiden analog beide verknüpfen, an beider Natur theilhaben, und in Bezug auf die besondere Beschaffenheit neutrale Wesen sind. Nun ist aber keine Ordnung denkbar, wo nicht ein Gemeinsames wäre, an dem die Verschiedenen Theil haben, kein solches Theilhaben, wo sich nicht ein bestimmter Zusammenhang fände; und wiederum kein Zusammenhang, wo die Verbundenen nicht auf irgend eine Weise an Gemeinsamem Theil hätten. Es muss also nothwendigerweise für alle subsistirenden Dinge *ein* Princip der Subsistenz geben. Nimm hinzu, dass die Vernunft selber nicht umhin kann, vor jedem von anderm Unterscheidbaren ein noch ungeschiedenes vorauszusetzen; – ich spreche von den *Dingen*, welche sind; denn Sein und Nichtsein, das beides, meine ich, ist nicht der Sache, sondern nur dem Wort und dem Namen nach verschieden. – Dieses noch Ungeschiedene ist ein allgemeiner Begriff, zu dem die Differenz und unterscheidende Form erst hinzukommt. Und gewiss lässt sich nicht bestreiten, dass wie alles Sinnliche ein Substrat der Sinnenwahrnehmung, so alles Intelligible ein Substrat der Intellectualität voraussetzt. Es muss also auch etwas geben, was dem gemeinsamen Begriffe beider Substrate entspricht. Denn jede Wesenheit gründet sich auf irgend ein Sein, ausgenommen jene oberste Wesenheit, welche mit ihrem Sein identisch ist, weil ihr Vermögen ihre Wirklichkeit, weil sie alles ist was sie sein kann, wie wir gestern gesagt haben. Ferner wenn die Materie nach unsern Gegnern selber kein Körper ist und ihrer Natur nach dem körperlichen Sein vorangeht, was kann sie dann von den Substanzen, die man unkörperlich nennt, so weit entfernen? Auch fehlt es nicht an Peripatetikern, welche sagen: so wie sie sich in den körperlichen Substanzen ein gewisses Etwas formaler und göttlicher Art findet, so muss entsprechend in den göttlichen ein Etwas von materieller Art sein, damit die niedriger stehenden Dinge den höher stehenden sich anschliessen und die Reihe der einen in die Reihe der andern eingreifen könne. Und die Theologen, wenn auch manche von ihnen in der aristotelischen Lehre gross geworden sind, sollten mir dennoch darin nicht beschwerlich fallen, wofern sie wirklich glauben, dass sie mehr auf ihre Schrift, als auf die Philosophie und die natürliche Vernunft verpflichtet sind. »Bete mich nicht an«, sagt einer ihrer Engel zum Patriarchen Jacob, »denn ich bin dein Bruder.« Wenn also der, der da spricht, nach ihrer Auffassung eine intellectuelle Substanz ist und mit seiner Rede bestätigt, dass jener Mensch und er in der Realität *eines* Substrats sich vereinigen: mag dann auch jeder beliebige formale Unterschied bestehen bleiben, – es ist doch gewiss, dass die Philosophen einen Ausspruch des Orakels dieser Theologen als Zeugniss für sich anführen können.

DICSON. Ich weiss, dass ihr das mit aller Ehrerbietung sagt; denn ihr wisst, dass es euch nicht zukommt, Beweisgründe von solchen Stellen zu entlehnen, die in unserer Messe nicht vorkommen.

TEOFILO. Ganz richtig und wohl bemerkt; aber ich führe es auch nicht als Beweisgrund und Bestätigung an, sondern um so weit ich kann den Gewissensbedenken zu entgehn; denn ich fürchte ebenso sehr, ein Gegner der kirchlichen Lehre zu scheinen, als es zu sein.

DICSON. Verständige Theologen werden uns die Forschungweisen vermittelst des natürlichen Lichtes, so weit sie sich auch erstrecken mögen, immer gestatten, wenn sie sich nur keine definitive Entscheidung gegen die göttliche Autorität herausnehmen, sondern sich ihr zu unterwerfen bereit sind.

TEOFILO. So gerade sind die meinigen gemeint und werden es immer sein.

DICSON. Recht so! fahrt also fort!

TEOFILO. Auch Plotinus sagt im Buche von der Materie, dass es in der intelligiblen Welt, wenn es daselbst eine Menge und Vielheit von Gattungen giebt, neben der Eigenthümlichkeit und dem Unterschiede einer jeden von ihnen auch ein Gemeinsames geben muss. Dieses Gemeinsame vertritt die Stelle der Materie, das Eigenthümliche und Unterscheidende die Stelle der Form. Er fügt hinzu, dass wenn diese Welt eine Nachahmung von jener ist, die Zusammensetzung derselben eine Nachahmung der Zusammensetzung von jener ist. Ferner, wenn diese Welt keine Verschiedenheit hat, hat sie auch keine Ordnung; hat sie keine Ordnung, dann auch keine Schönheit und keine Zier; alles dies hängt an der Materie. Deshalb muss diese höhere Welt nicht nur für ein untheilbares Ganzes, sondern auch für theilbar und unterschieden gehalten werden mit Bezug auf einige ihrer Bedingungen. Die Getheiltheit und Verschiedenheit dieser letzteren aber kann nicht begriffen werden ohne eine zu Gründe liegende Materie. Und sagst du, dass diese ganze Vielheit in einem untheilbaren Wesen sich vereinigt und jeder Art von räumlicher Ausdehnung fremd bleibt, so nenne ich eben das Materie, worin sich so viele Formen vereinigen. Dieses war, bevor es als mannichfach und vielgestaltig vorgestellt wurde, in einer einfachen Vorstellung, und bevor es in der Vorstellung als Geformtes war, war es in derselben als Formloses.

DICSON. Wohl habt ihr in dem, was ihr in der Kürze ausgeführt habt, viele starke Gründe beigebracht, um zu erweisen, dass die Materie ein Einiges ist, ein Einiges das Vermögen, durch welches alles was ist in Wirklichkeit ist, und dass sie mit eben so gutem Grunde den unkörperlichen als den körperlichen Substanzen zukommt, indem jene auf keine andre Weise als diese das Sein haben vermöge des Seinskönnens. Wohl habt ihr auch noch mit andern Gründen, die für den, der sie nur kräftig genug betrachtet und begreift, auch kräftig genug sind, den Beweis geführt. Dennoch möchte ich, wenn nicht behufs der Vollendung der Lehre, doch behufs ihrer Deutlichkeit, dass ihr noch auf andere Weise im einzelnen darlegtet, wie sich in den erhabensten Dingen, – und das sind doch die unkörperlichen, – ein Formloses und Unbestimmtes finde; wie da eben dieselbe Materie sein kann, ohne dass sie doch durch das Hinzutreten der Form und Wirklichkeit gleichfalls Körper heissen; wie ihr da, wo keine Veränderung, kein Entstehen noch Vergehen ist, eine Materie annehmt, die man doch niemals zu einem andern als zu diesem Zwecke angenommen hat; ferner wie wir sagen können, dass die intelligible Natur einfach, und zugleich, dass in ihr Materie und Actus ist. Ich wünsche das nicht um meinetwillen, da mir die Wahrheit einleuchtet, aber für etwaige andere, die widerwilliger und schwieriger sein möchten, wie z.B. Magister Poliinnio und Gervasio.

POLIINNIO. Lasst 'mal sehen !

GERVASIO. Ich nehm's an und danke euch, Dicson, dass ihr auch das Berürftnis derer bedenkt, die nicht den Muth haben zu fordern. So bringt es jenseits der Berge die Höflichkeit bei Tische mit sich; denen, die an zweiter Stelle sitzen, ist es nicht erlaubt, mit den Fingern über das eigene Näpfchen oder den eigenen Teller hinauszulangen, sondern es schickt sich abzuwarten, bis es einem in die Hand gelegt wird, damit man ja keinen Bissen nehme, den man nicht mit einem »Danke schön« bezahlt hätte.

TEOFILO. Ich kann das alles folgendermassen abmachen. Wie der Mensch in Bezug auf seine eigenthümlich menschliche Natur vom Löwen in Bezug auf das Eigenthümliche der Löwennatur verschieden ist, aber in Bezug auf die gemeinsame Natur der lebenden Wesen, auf die körperliche Substanz und anderes ähnliches von ihm ununterschieden und mit ihm eins und dasselbe ist: auf ähnliche Weise ist die Materie der körperlichen Dinge in Bezug auf ihre eigenthümliche Art von derjenigen der unkörperlichen Dinge verschieden. Alles also was ihr mit Bezug darauf anführt, dass sie der constitutive Grund der körperlichen Natur, das Substrat für Veränderungen jeglicher Art und ein Theil der Zusammensetzung sei, das kommt dieser Materie nur in Bezug auf ihre unterscheidende Eigenthümlichkeit zu. Denn eben diese Materie, – ich will mich klarer ausdrücken, – oben das, was gewirkt werden oder sein *kann*, das ist entweder geworden und existiert vermittelst räumlicher Richtungen und der Ausdehnung des Substrats und vermittelst derjenigen Eigenschaften, welche ihr Sein in der Quantität haben; und das nun wird körperliche Substanz genannt und setzt eine körperliche Materie voraus. Oder es ist zwar geworden, – wenn es nämlich das Sein erst neu empfangen hat –, ist aber ohne jene räumlichen Richtungen, jene

Ausdehnung und jene Eigenschaften; und dies heisst dann
unkörperliche Substanz und setzt eine entsprechend benannte Materie
voraus. So entspricht einem wirkenden Vermögen sowohl von
körperlichen als von unkörperlichen Dingen, oder auch einem Sein,
einem körperlichen sowohl wie einem unkörperlichen, dort ein
körperliches Vermögen, hier ein unkörperliches leidendes Vermögen,
und ein Seinkönnen, dort von körperlicher, hier von unkörperlicher
Art. Wenn wir also von Zusammensetzung sowohl in der Körperwelt
wie in der Welt des Unkörperlichen sprechen wollen, so müssen wir
sie in diesem doppelten Sinne auffassen und erwägen, dass in dem
Ewigen immer *eine* Materie unter *einer* Wirkungsform gedacht wird,
dass sie aber in dem Vergänglichen immer bald die ein, bald eine
andere in sich schliesst. In jenem hat die Materie alles was sie haben,
und ist sie alles was sie sein kann, auf einmal, immer und zugleich;
diese hingegen hat es und ist es zu mehreren Malen, zu verschiedenen
Zeiten und in bestimmter Aufeinanderfolge.

DICSON. Eine Materie in dem Unkörperlichen gestehen zwar manche
zu; aber sie verstehen darunter etwas ganz anderes.

TEOFILO. Der Unterschied sei so gross wie er wolle in Bezug auf die
eigenthümliche Bestimmtheit, wonach die eine sich zu Körperlichkeit
herablässt, die andere nicht, die eine sinnliche Eigenschaften annimmt,
die andere nicht, und wonach jene Materie, welcher die quantitative
Bestimmtheit und das Substratsein für solche Eigenschaften, die ihr
Sein in räumlicher Ausdehnung haben, widerstrebt, nichts gemein
haben zu können scheint mit dem Wesen, welchem keines von beiden
widerstrebt. Dennoch sind beide eins und dasselbe, und wie wir öfter
bemerkt haben, der ganze Unterschied liegt nur darin, dass die eine zu
körperlicher Existenz contrahirt, die andere unkörperlich ist. Grade so
ist alles Empfindende eins darin, dass es lebendig ist; aber wenn man
dieses Allgemeine zu bestimmten Arten verengert, dann widerspricht
es dem Menschen, Löwe zu sein, und diesem Lebendigen, jenes andere
zu sein. Dazu füge ich mit deiner Erlaubnis noch Folgendess hinzu. Ihr
würdet nämlich einwerfen, dass das, was niemals ist, eher für
unmöglich und widernatürlich als für natürlich gehalten werden müsse,
und dass man deshalb, da diese Materie niemals als räumlich
ausgedehnte gefunden wird, die Körperlichkeit für ihrer Natur

widersprechend halten müsse; wenn sich aber das so verhält, so sei es nicht wahrscheinlich, dass beide eine gemeinsame Natur haben, bevor mau sich die eine als zu körperlicher Existenz contrahirt dünkt. Ich füge also hinzu, dass wir dieser Materie ebenso gut die Nothwendigkeit, als, wie ihr möchtet, die Unmöglichkeit aller sich auf die räumliche Ausdehnung beziehenden Wirksamkeit zuschreiben können. Diese Materie, um in Wirklichkeit alles zu sein, was sie sein kann, hat alle Maasse, alle Arten von Gestalten und räumlichen Richtungen, und weil sie sie alle hat, so hat sie keine von allen; denn das, was so viel verschiedenes zugleich ist, kann unmöglich eines von jenen besonderen sein. Es kommt dem, was alles ist, zu, jedes particuläre Sein auszuschliessen.

DICSON. Nimmst du denn an, dass die Materie Wirklichkeit sei? Nimmst du ferner an, dass die Materie in den unkörperlichen Dingen mit der Wirklichkeit zusammenfalle?

TEOFILO. Grade so wie das Seinkönnen mit dem Sein zusammenfällt.

DICSON. Sie unterscheidet sich also nicht von der Form? Teo. In dem absoluten Vermögen und der absoluten Wirklichkeit durchaus nicht, welche deshalb Lauterkeit, Einfachheit, Untheilbarkeit und Einheit im höchsten Grade ist, weil sie auf absolute Weise alles ist. Hätte sie bestimmte räumliche Richtungen, bestimmtes Dasein, bestimmte Gestalt, bestimmte Eigenthümlichkeit, bestimmten Unterschied, so würde sie eben nicht absolut, nicht alles sein.

DICSON. Jegliches also, was irgend eine beliebige Gattung umfasst, ist ein Untheilbares?

TEOFILO. Gewiss; denn die Form, welche *alle* Qualitäten umfasst, ist keine einzige von ihnen; was *alle* Gestalten hat, hat keine von ihnen, was *alle* sinnliche Existenz hat, wird deshalb gar nicht sinnlich wahrgenommen. In höherem Sinne ein Untheilbares ist das, was alles natürliche Sein hat; in noch höherem Sinne das, was alles intelligible Sein hat; im allerhöchsten Sinne das, was alles Sein hat, was es überhaupt geben kann.

DICSON. Nehmt ihr an, dass es nach Analogie dieser Stufenleiter des Seins eine Stufenleiter des Seinkönnens gebe, und dass wie der formale Grund so auch der materielle Grund höher und höher emporsteige?

TEOFILO. Grade so.

DICSON. Tief und hoch zugleich fasst ihr diesen Begriff von Materie und Vermögen.

TEOFILO. Gewiss.

DICSON. Aber diese Wahrheit wird nicht von allen verstanden werden können; denn es ist immerhin schwer, die Art und Weise zu fassen, wie etwas alle Arten von räumlicher Ausdehnung und keine von ihnen, alles formale Sein und keines haben kann. Teo. Seht denn ihr die Möglichkeit ein?

DICSON. Ich glaube, ja; denn ich verstehe ganz wohl, dass die Wirklichkeit, um alles zu sein, nicht etwas bestimmtes sein darf.

POLIINNIO. *Non potest esse idem totum et aliquid;* so viel capire ich auch davon.

TEOFILO. Also werdet ihr zur Sache auch so viel begreifen können, dass selbst wenn wir die Ausdehnbarkeit im Räume als das Wesen der Materie setzen wollten, ein solcher Begriff keiner Art von Materie widerstreiten würde; aber dass sich wohl eine Materie von einer andern bloss durch die Freiheit von räumlicher Ausdehnung und durch die Gebundenheit an dieselbe unterscheiden würde. Ist sie frei, so steht sie über allen Arten der Ausdehnung und begreift sie alle; ist sie contrahirt, so wird sie von einigen derselben begriffen und existirt unter einigen derselben.

DICSON. Ihr sagt mit Recht, dass die Materie an sich keine bestimmte Ausdehnung im Räume hat, dass sie deshalb als untheilbar aufgefasst wird und die Art ihrer Ausdehnung erst entsprechend der Art von Form erhält, welche sie annimmt. Sie hat eine andere Art von Ausdehnung unter der menschlichen, eine andere unter der Pferdeform, eine andere als Oelbaum und eine andere als Myrthe; bevor sie also unter irgend einer dieser Formen ist, hat sie der Anlage nach alle diese Ausdehnungen, grade wie sie das Vermögen hat, alle jene Formen anzunehmen.

POLIINNIO. Man judiciret jedoch eben derohalben, dass sie gar keine Art von Dimensionibus habe.

DICSON. Und wir sagen, dass sie deshalb keine hat, um alle zu haben.

GERVASIO. Warum zieht ihr den Ausdruck, dass sie sie alle einschliesse, dem andern vor, das sie sie alle ausschliesse ?

DICSON. Weil sie die Ausdehnung nicht wie von aussen aufnimmt, sondern sie wie aus ihrem Schoosse heraufsendet und hervortreibt.

TEOFILO. Sehr gut bemerkt. Uebrigens ist dies eine auch bei den Peripatetikern gewöhnliche Ausdrucksweise, dass sie nämlich alle Wirklichkeit räumlicher Ausdehnung und alle Formen aus dem Vermögen der Materie hervorgehen und abstammen lassen. Dies erkennt zum Theil Averroes an, der, obgleich Araber und des Griechischen unkundig, dennoch innerhalb der peripatetischen Lehre mehr Einsicht hatte als irgend ein Grieche, den wir gelesen haben, und noch mehr verstanden haben würde, wenn er nicht seinem Götzen Aristoteles so sclavisch ergeben gewesen wäre. Er lehrt, die Materie umfasse in ihrer Wesenheit die Ausdehnung in unbegrenzter Weise; er will damit bezeichnen, dass diese sich bald mit dieser Figur und diesen Ausdehnungen, bald mit jener andern Figur und jenen andern Ausdehnungen begränzen, je nachdem die in der Natur vorhandenen Formen wechseln. Aus die ser Auffassung ergiebt sich, dass die Materie sie gleichsam aus sich entlässt, nicht von aussen aufnimmt, Dies meinte zum Theil auch Plotinus, ein Haupt der Platoniker. Dieser unterscheidet zwischen einer Materie der höheren und einer Materie der niedern Dinge und behauptet dann, dass jene alles insgesammt sei und, da sie alles besitze, keiner Veränderung zugänglich sei; diese aber in bestimmter Reihenfolge in Bezug auf ihre Theile zu allem und nach und nach zu immer anderem werde, und deshalb an ihr immer Verschiedenheit, Veränderung und Bewegung erscheine. So ist denn

jene Materie niemals formlos, so wenig wie diese es ist; doch beide in
verschiedenem Sinne: jene im Momente der Ewigkeit, diese in
zeitlichen Momenten; jene auf einmal, diese successiv; jene in
unaufgeschlossener, diese in entfalteter Weise; jene als eines, diese als
eine Vielheit; jene als Alles und Jegliches, diese in der Einzelheit und
Ding für Ding.

DICSON. Ihr wollt also nicht nur aus euren eigenen Principien,
sondern auch aus denen der andern philosophischen Schulen erweisen,
dass die Materie nicht jenes prope nihil, jenes reine, nackte Vermögen
ohne Wirklichkeit, ohne Kraft und Energie sei.

TEOFILO. So ist es. Sie ist nach mir, der formen beraubt und ohne
dieselben, nicht so, wie das Eis ohne Wärme, der Abgrund des Lichtes
beraubt ist, sondern so, wie eine Schwangere noch ohne ihre
Leibesfrucht ist, die sie erst aus sich entlassen und freigeben soll, oder
wie die Erde auf dieser Halbkugel in der Nacht ohne Licht ist, es aber
durch ihre Umdrehung wiederzuerlangen das Vermögen hat.

DICSON. Da sieht man, wie auch in diesen niedern Dingen, wenn
nicht durchaus, doch in hohem Grade die Wirklichkeit mit dem
Vermögen zusammenfällt.

TEOFILO. Darüber zu urtheilen, überlasse ich euch.

DICSON. Und wenn dieses niedere Vermögen schliesslich mit dem
oberen eins wäre, wie dann?

TEOFILO. Urtheilt ihr! Ihr könnt von hier zu der Vorstellung
aufsteigen, – ich meine nicht des allerhöchsten und besten Princips,
welches von unserer Betrachtung ausgeschlossen bleibt, – sondern der
Weltseele, wie sie die Wirklichkeit von allem und das Vermögen von
allem und alles in allem ist. Zugegeben daher, dass es unzählige
Individuen gebe: *zuletzt ist alles eins, und das Erkennen dieser Einheit
bildet Ziel und Grenze aller Philosophie und aller Naturbetrachtung*;
während die höhere Betrachtung, welche über die Natur hinaus sich
erbebt, innerhalb ihres Gebietes bestehen bleibt, die für den der nicht
glaubt doch etwas unmögliches und nichtiges ist.

DICSON. Sehr wahr; denn dahin erhebt man sich durch ein übernatürliches, nicht, durch ein natürliches Licht.

TEOFILO. Dasselbe haben diejenigen nicht, welche alles für körperlich halten, entweder für einfache Körper wie den Aether, oder für zusammengesetzte wie die Sterne und was zu ihnen gehört, und welche die Gottheit nicht ausserhalb der unendlichen Welt und der unendlichen Dinge, sondern innerhalb jener und in diesen suchen.

DICSON. Darin allein scheint mir der gläubige Theolog von dem wahren Philosophen unterschieden.

TEOFILO. So denke ich auch. Ich glaube, ihr habt meine Meinung verstanden.

DICSON. Sehr gut, deucht mir; daher schliesse ich aus eurer Rede, dass wir selbst dann, wenn wir die Materie immer nur auf die Naturerscheinungen beschränken und bei ihrer gebräuchlichen Definition, wie sie die landläufige Philosophie beibringt, fest bestehen bleiben, dennoch finden werden, dass sie einen höheren Rang behauptet, als diese ihr zuerkennt. Denn sie gesteht ihr schliesslich doch nichts anderes zu, als die Eigenschaft, Substrat der Formen, ein für die Formen der Natur empfängliches Vermögen ohne Namen, ohne Bestimmtheit, ohne irgend welche Begrenzung, weil ohne alle Actualität zu sein. Dies schien einigen Männern im Mönchsgewande schwierig, welche in der Absicht, diese Lehre nicht etwa zu verklagen, sondern sie zu entschuldigen, der Materie nur eine »entitative« Wirklichkeit zuschreiben, d.h. eine solche, die von dem, was schlechthin nichts ist und in der Natur keinerlei Existenz hat, wie ein Hirngespinst oder sonst ein erdichtetes Ding, doch noch verschieden sei. Denn diese Materie hat schliesslich das Sein, und dies genügt ihr so auch ohne bestimmte Beschaffenheit und ohne die Würdigkeit, welche von der bei ihr nicht vorhandenen Actualität abhängt. Aber ihr würdet von Aristoteles Rechenschaft verlangen: Warum nimmst du, o Fürst der Peripatetiker, lieber an, dass die Materie nichts sei, weil sie keine Wirklichkeit habe, als dass sie alles sei, weil sie alle Arten der Wirklichkeit hat, habe sie nun dieselben in verworrener oder verworrenster Weise in sich, wie es dir gefällig ist? Bist du nicht eben

der, der immer, wenn er von dem Entstehen der Formen in der Materie
oder von der Erzeugung der Dinge spricht, behauptet, dass die Formen
aus dem Innern der Materie hervorspriessen und frei werden, und den
man niemals sagen hörte, dass sie vermittelst der bewirkenden Ursache
von aussen kommen, sondern dass diese sie aus dem Innern
hervorlocke? Ich sehe davon ab, dass du die bewirkende Ursache
derjenigen Erscheinungen, die du mit gemeinsamem Namen Natur
nennst, doch zu einem innern, und nicht zu einem äussern Princip
machst, wie es bei den durch die Kunst erzeugten Dingen der Fall ist.
In dem Falle nun, scheint mir, muss man ihr jede Form und
Wirklichkeit bestreiten, nämlich wenn sie sie von aussen aufnimmt; in
dem Falle, scheint mir, muss man sie ihr alle zuschreiben, wenn sie sie
alle aus ihrem eigenen Schoosse hervortreiben soll. Bezeichnest nicht
grade du, wenn nicht durch die Vernunft gezwungen, doch durch die
Gewohnheit im Sprechen getrieben, bei der Begriffsbestimmung der
Materie dieselbe vielmehr als das, *aus* dem jede natürliche Art
entspringt, als dass du jemals gesagt hättest, sie sei das, an dem alles
wird, wie man sich doch ausdrücken müsste, wenn die Arten der
Wirklichkeit nicht aus ihr hervorgingen und sie sie folglich auch nicht
in sich hätte?

POLIINNIO. Freilich pflegt Aristoteles mit den Seinigen zu sagen,
dass die Formae vielmehr aus der Potentia der Materia educiret, als in
dieselbe induciret werden, dass sie vielmehr aus ihr emergiren, als in
selbige ingeriret werden: aber ich möchte behaupten, dass es dem
Aristoteles beliebet hat, als Actus vielmehr die Explicatio der Form
und nicht die Implicatio derselbigen zu bezeichnen.

DICSON. Und ich sage, dass etwas ausdrückliches, sinnlich
wahrnehmbares und entfaltetes zu sein, nicht der wesentliche Grund
der Wirklichkeit, sondern nur etwas aus ihr folgendes und durch sie
bewirktes ist, sowie das Wesen des Holzes und der Grund seiner
Wirklichkeit nicht darin besteht, dass es Bett ist, sondern darin, dass es
von einer solchen Substanz und Beschaffenheit ist, dass es Bett, Bank,
Balkon, Götzenbild und jegliches sein kann, was aus Holz geformt
wird. Nicht davon zu reden, dass aus der Materie der Natur alle
natürlichen Dinge auf höhere Weise entstehen als aus der Materie der
Kunst alle künstlichen Dinge. Denn die Kunst ruft aus der Materie die

Formen hervor entweder durch Wegnahme, wie wenn man aus dem Steine eine Steine macht, oder durch Hinzufügung, wie wenn man ein Haus baut, indem man Stein zu Stein und Holz zu Erde zusammenfügt. Die Natur hingegen macht aus ihrer Materie alles auf dem Wege der Scheidung, der Geburt, des Ausfliessens, wie es die Pythagoreer, wie es Anaxagoras und Demokritus sich dachten und die Weisen Babyloniens bestätigten, deren Meinung auch Moses sich anschloss. Denn wenn er die von der universellen bewirkenden Ursache befohlene Erzeugung der Dinge beschreiben will, drückt er sich folgendermaassen aus: »Es bringe die Erde ihre Thiere hervor«; »es bringen die Gewässer die lebenden Seelen hervor«; als ob er sagen wollte: es bringe sie die Materie hervor. Denn ihm zufolge ist das Materialprincip der Dinge das Wasser. Deshalb sagt er, dass die wirkende Vernunft, die er Geist nennt, über den Wassern schwebte, d.h. ihnen hervorbringende Kraft mittheilte und aus ihnen die natürlichen Formen erzeugte, die er hernach alle ihrer Substanz nach Gewässer nennt. Deshalb sagt er, von der Scheidung der niederen und höheren Körper sprechend, die Vernunft habe Gewässer von Gewässern geschieden, und aus deren Mitte lässt er das Trockene erschienen sein. Alle wollen also, dass die Dinge aus der Materie auf dem Wege der Scheidung und nicht auf dem der Hinzufügung und der Aufnahme von aussen kommen. Deshalb müsste man vielmehr sagen, dass die Materie die Formen enthält und einschliesst, als sich vorstellen, sie sei derselben baar und schliesse sie aus. Weil sie also entfaltet, was sie unentfaltet enthält, darum muss man sie ein Göttliches, die gütigste Ahnfrau, die Gebärerin und Mutter der natürlichen Dinge, ja der Substanz nach die ganze Natur selber nennen. Nicht wahr, das behauptet ihr und das ist eure Meinung, Teofilo?

TEOFILO. Grade dies.

DICSON. Ja, ich wundere mich sehr, dass unsere Peripatetiker die Analogie der Kunst nicht weiter durchgeführt haben. Aus vielen Materien, die sie kennt und behandelt, erachtet die Kunst diejenige für besser und werthvoller, welche weniger der Zerstörung ausgesetzt und hinsichtlich der Dauer beständiger ist, und aus welcher sich mehr Dinge erzeugen lassen. Deshalb gilt derselben Gold für etwas edleres als Holz, Stein und Eisen, weil es der Zerstörung weniger ausgesetzt ist, und weil seiner Schönheit, Beständigkeit, Formbarkeit und Vortrefflichkeit wegen dasselbe was aus Holz und Stein auch aus Gold gemacht werden kann, aber noch vieles andere ausserdem und zwar Grösseres und Besseres. Was sollen wir also von jener Materie sagen, aus der der Mensch, das Gold und alle Dinge der Natur gebildet werden? Muss sie nicht für werthvoller erachtet werden als die Materie der Kunst, und eine höhere Art von Wirklichkeit besitzen? Warum denn, o Aristoteles, willst du nicht, dass das, was aller Wirklichkeit, ich meine alles wirklich Existirenden, Fundament und Träger ist, und was nach dir immer ist, was ewig dauert: warum willst du nicht, dass dies in höherem Sinne wirklich sei als deine Formen, deine Entelechien, die da kommen und gehen? Wenn du doch diesem Formalprincip gleichfalls Dauer zusprechen wolltest ...

POLIINNIO. Weil es nothwendig ist, dass die Principia ewiglich permaniren.

DICSON. ... zu den phantastischen »Ideen« Platos, die dir doch so sehr zuwider sind, kannst du doch deine Zuflucht nicht nehmen – so würdest du also entweder zu der Erklärung gezwungen oder genöthigt sein, diese specifischen Formen hätten ihre dauernde Actualität in der Hand der bewirkenden Ursache – und so kannst du nicht sagen, da gerade du die wirkende Ursache als diejenige fasst, die die Formen aus dem Vermögen der Materie selber erweckt und auslöst, – oder zu der andern, sie hätten ihre dauernde Wirklichkeit im Schooss der Materie, – und so allerdings wirst du nothwendigerweise sagen müssen. Denn alle Formen, die nur gleichsam auf ihrer Oberfläche erscheinen, – du nennst sie individuell und in actu, – sowohl die, welche waren, als die, welche sind und sein werden, sind vom Princip gesetzt, nicht selbst Principien. Und gewiss, ich glaube, dass die particuläre Form gerade so auf der Oberfläche der Materie erscheint, wie das Accidens auf der Oberfläche der zusammengesetzten Substanz. Deshalb muss im Vergleich zur Materie die in ihr ausgeprägte Form eben so eine geringere Art von Actualität haben, wie die accidentielle Form eine geringere Art von Actualität hat im Vergleich mit der zusammengesetzten Substanz.

TEOFILO. In der That, es ist eine armselige Entscheidung des Aristoteles, wenn er übereinstimmend mit allen antiken Philosophen behauptet, die Principien müssten ewige Dauer haben, und dann, – wenn wir in seiner Lehre suchen, wo denn nun die natürliche Form, welche auf dem Rücken der Materie hin und her fluthet, ihre beständige Dauer habe, so werden wir sie nicht in den Fixsternen finden, – denn diese Einzelwesen, die wir sehen, steigen nicht aus ihrer Höhe herab, – nicht in den ideellen von der Materie getrennten Typen – denn diese sind jedenfalls, wenn nicht Missgeburten, schlimmer als das, ich meine Hirngespinste und leere Einbildungen, Wie also? Sie sind im Schoosse der Materie. Und dann? Die Materie ist also die Quelle der Actualität. Wollt ihr, dass ich euch noch mehr sage, und euch zeige, in welchen Abgrund von Absurdität Aristoteles gerathen ist? Er behauptet, die Materie sei dem Vermögen nach. Fragt ihn also, wann sie in Wirklichkeit sein werde. Der grosse Haufe wird mit ihm selbst antworten: Wenn sie die Form haben wird. Nun fahre fort und frage weiter: was ist denn das, was nun sein Sein neu bekommen hat? Sie werden sich selber zum Trotz antworten: Das Zusammengesetzte und nicht die Materie; denn diese ist immer sie selber, sie erneut, sie verändert sich nicht; wie wir bei den durch Kunst erzeugten Dingen, wenn aus Holz eine Statue gemacht worden ist, nicht sagen, dass dem Holze ein neues Sein zu Theil wird, – denn es ist jetzt um nichts mehr oder weniger Holz, als es dies früher war; – sondern was Sein und Wirklichkeit empfängt, ist das was erst neu hervorgebracht wild, das Zusammengesetzte, d.h. die Statue. Nun denn, wie könnt ihr dem die Möglichkeit zuschreiben, was niemals in Wirklichkeit sein oder Wirklichkeit haben wird ? Also nicht die Materie ist im Zustande des Vermögens oder des Seinkönnens; denn sie ist immer dieselbe und unveränderlich, und sie ist das, in Bezug auf welches und an welchem die Veränderung geschieht, nicht selber das, was sich verändert. Das was sich verändert, sich vermehrt und vermindert, den Ort wechselt, untergeht, ist nach euch, den Peripatetikern selber, immer das Zusammengesetzte, niemals die Materie; warum also sagt ihr, die Materie sei jetzt dem Vermögen, jetzt der Wirklichkeit nach? Sicher darf niemand zweifeln, dass sie weder durch Annahme der Formen, noch durch Entlassen derselben aus sich, in Bezug auf ihre Wesenheit und Substanz, weder eine grössere noch eine geringere Art von Wirklichkeit empfängt, und dass deshalb keinerlei Grund ist, weshalb man sagen könnte, sie sei dem Vermögen nach. Dies passt vielmehr auf das, was an ihr in beständiger Bewegung ist, nicht auf sie, die in ewiger Ruhe, ja vielmehr die Ursache der Ruhe ist. Denn wenn die Form ihrem fundamentalen und specifischen Sein nach von einfacher und unveränderlicher Wesenheit ist, nicht nur in logischem Sinne in der Vorstellung und dem Begriff, sondern auch in physischem Sinne in der Natur, so wild sie in der beständigen Anlage der Materie sein müssen; diese aber ist ein von der Wirklichkeit ununterschiedenes Vermögen, wie ich es auf viele Weisen dargelegt habe, indem ich von dem Vermögen so viele Male gehandelt habe.

POLIINNIO. Ich bitt' euch, sagt nun auch etwas von dem Appetitus der Materia, damit wir über einen gewissen Streit zwischen mir und Gervasio eine Resolution gewinnen.

GERVASIO. Ich bitt' euch, thut's, Teofilo; denn dieser hat mir den Kopf mit der Analogie zwischen dem Weib und der Materie wüst gemacht; das Weib ersättige sich eben so wenig an Männern, als die Materie an Formen, und in dem Stile weiter.

TEOFILO. Wenn doch die Materie nichts von der Form empfängt, warum nehmt ihr denn an, dass sie etwas begehre? Wenn sie, wie wir gesagt haben, die Formen aus ihrem Schooss entlässt, und folglich dieselben in sich hat, wie wollt ihr, dass sie sie begehre? Sie begehrt nicht jene Formen, die sich täglich auf ihrem Rücken andern. Denn jedes wohl eingerichtete Ding begehrt das, wovon es eine Förderung empfängt. Was kann ein vergängliches Ding einem ewigen geben? ein unvollkommnes, wie es die immer in Bewegung befindliche Form der sinnenfälligen Dinge ist, einem anderen so vollkommnen, dass es, recht aufgefasst, etwas göttliches in den Dingen ist? Dies letztere vielleicht wollte David von Dinanto sagen, den einige, die über seine Meinung berichten, übel verstanden haben. Sie begehrt sie nicht, um von jener in ihrem Sein erhalten zu worden; denn das Vergängliche erhält nicht das Ewige; vielmehr erhält offenbar die Materie die Form. Deshalb muss manche Form vielmehr die Materie begehren, um Dauer zu erlangen; denn wenn sie sich von jener trennt, verliert *sie* das Sein und nicht jene, die alles das hat, was sie hatte, bevor jene da war, und die auch andere haben kann. Ausserdem, wenn die Ursache der

Zerstörung angegeben wird, so sagt man nicht, dass die Form die Materie flieht oder verlässt, sondern vielmehr dass die Materie diese Form abwirft, um eine andere anzunehmen. Ueberdies haben wir nicht besseren Grund zu sagen, dass die Materie die Formen begehre, als im Gegentheil dass sie sie hasse; – ich spreche von denen, die entstehen und vergehen. – Denn die Quelle der Formen kann nicht begehren, was in ihr ist, da man doch nicht begehrt, was man schon besitzt; denn mit eben so gutem Grunde, wie man sagt, dass sie das begehrt, was sie manchmal empfängt oder hervorbringt, kann man auch sagen, wenn sie abwirft und beseitigt, dass sie es verabscheut, ja viel mächtiger verabscheut, als begehrt, da sie doch diese einzelne Form, die sie für kurze Zeit festgehalten hat, für ewig abwirft. Wenn du dich also dessen erinnerst, dass sie so viele Formen als sie annimmt, auch abwirft, so musst da mir gleicherweise auch erlauben zu sagen, dass sie einen Widerwillen gegen sie hat, wie ich dich sagen lasse, dass sie eine Sehnsucht nach ihnen hat.

GERVASIO. Nun sieh, da lägen ja die Festungen nicht nur des Poliinnio, sondern auch anderer Leute als er zu Boden.

POLIINNIO. *Parcius ista viris!*

DICSON. Wir haben für heute genug gelernt. Auf Wiedersehn morgen!

TEOFILO. Lebt denn wohl!

Fünfter Dialog

TEOFILO, So ist denn also das Universum ein Einiges, Unendliches, unbewegliches. Ein Einiges, sage ich, ist die absolute Möglichkeit, ein Einiges die Wirklichkeit; ein Einiges die Form oder Seele, ein Einiges die Materie oder der Körper; ein Einiges die Ursache; ein Einiges das Wesen, ein Einiges das Grösste und Beste, das nicht soll begriffen worden können, und deshalb Unbegrenzbare und Unbeschränkbare und insofern Unbegrenzte und Unbeschränkte, und folglich Unbewegliche. Dies bewegt sich nicht räumlich, weil es nichts ausser sich hat, wohin es sich begeben könnte; ist es doch selber alles. Es wird nicht erzeugt, denn es ist kein anderes Sein, welches es ersehnen oder erwarten könnte; hat es doch selber alles Sein. Es vergeht nicht; denn es giebt nichts anderes, worin es sich verwandeln könnte, – ist es doch selber alles. Es kann nicht ab- noch zunehmen, – ist es doch ein Unendliches, zu dem einerseits nichts hinzukommen, von dem andererseits nichts hinweggenommen werden kann, weil das Unendliche keine aliquoten Theile hat. Es ist nicht veränderlich zu anderer Beschaffenheit; denn es hat nichts äusseres, von dem es leiden und afficirt werden könnte. Ferner indem es in seinem Sein alle Gegensätze in Einheit und Harmonie umfasst und keine Hinneigung zu einem andern und neuen Sein oder doch zu einer andern und wieder andern Art des Seins haben kann: so kann es nicht Substrat der Bewegung gemäss irgend einer Eigenschaft sein, noch anderem gegenüber etwas entgegengesetztes oder verschiedenes haben: denn in ihm ist alles in Eintracht. Es ist nicht Materie, denn es ist nicht gestaltet noch gestaltbar, nicht begrenzt noch begrenzbar. Es ist nicht Form, denn es formt und gestaltet nicht anderes – es ist ja alles; es ist das Grösste, ist eins und universell. Es ist nicht messbar und misst nicht. Es umfasst nicht, denn es ist nicht grösser als es selbst; es wird nicht umfasst, denn es ist nicht kleiner als es selbst. Es wird nicht verglichen; denn es ist nicht eins und ein anderes, sondern eins und dasselbe. Weil es eins und dasselbe ist, so hat es nicht ein Sein und noch ein Sein, und weil es dies nicht hat, so hat es auch nicht Theile und wieder Theile, und weil es diese nicht hat, so ist es nicht zusammengesetzt. So ist es denn eine Grenze, doch so dass es keine ist; es ist Form, doch so dass es nicht Form ist; es ist so Materie, dass es nicht Materie ist; es ist so Seele, dass es nicht Seele ist; denn es ist alles ununterschieden, und deshalb ist es Eines; das Universum ist Eines. In ihm ist sicherlich die Höhe nicht grösser als die Länge und Tiefe; deshalb wird es auf Grund einer gewissen Analogie eine Kugel genannt, es ist aber keine Kugel. In der Kugel ist die Länge dasselbe wie Breite und Tiefe, weil sie dieselbe Begrenzung haben; in dem Universum aber ist Breite, Länge und Tiefe dasselbe, weil sie auf dieselbe Weise keine Begrenzung haben und unendlich sind. Haben sie keine Hälfte, kein Viertel und kein anderes Maass, giebt es also hier überhaupt kein Maass, so ist hier auch kein aliquoter Theil, also überhaupt kein Theil, der von dem Ganzen verschieden wäre. Denn wenn du von einem Theil des Unendlichen sprechen willst, so musst du ihn unendlich nennen; wenn er unendlich ist, so kommt er mit dem Ganzen in einem Sein zusammen: mithin ist das Universum ein Einiges, Unendliches, Untheilbares. Und wenn sich im Unendlichen kein Unterschied wie zwischen dem Ganzen und einem Theil, von Etwas und Anderem findet: so ist sicher das Unendliche ein Einiges. Innerhalb des Unendlichen ist kein grösserer und kein kleinerer Theil; denn dem Verhältniss des Unendlichen nähert sich ein noch so viel grösserer Theil nicht mehr an, als ein noch so viel kleinerer, und deshalb ist in der unendlichen Dauer die Stunde nicht vom Tage, der Tag nicht vom Jahr, das Jahr vom Jahrhundert, das Jahrhundert vom Moment verschieden; denn die Augenblicke und die Stunden haben nicht mein Sein als die Jahrhunderte, und jene haben zur Ewigkeit kein geringeres Verhältniss als diese. Auf gleiche Weise ist im unermesslichen Raum der Zoll nicht verschieden vom Fuss, der Fuss von der Meile; denn dem Verhältniss der Unermesslichkeit nähert man sich in Meilen nicht mehr an als in Zollen. Deshalb sind unendlich viele Stunden nicht mehr als unendlich viele Jahrhunderte, und unendlich viele Zolle keine grössere Menge als unendlich viele Meilen. Dem Verhältniss, dem Gleichniss, der Vereinigung und Identität mit dem Unendlichen näherst du dich nicht mehr, indem du Mensch bist, als wenn du Ameise, nicht mehr wenn du Stern, als wenn du Mensch bist: denn jenem Sein rückst du nicht näher, wenn da Sonne oder Mond, als wenn du Mensch oder Ameise bist; und deshalb sind diese Dinge im Unendlichen ununterschieden. Was ich nun von diesen sage, meine ich ebenso von allen andern Dingen, die als Einzelwesen existiren. Wenn nun alle diese besonderen Dinge im Unendlichen nicht eins und ein anderes, nicht verschieden, nicht Arten sind, so haben sie in nothwendiger Folge auch keine Zahl: also ist das Universum wiederum ein einiges Unbewegliches. Weil es alles umfasst und nicht ein Sein und noch ein anderes Sein erleidet, und weder mit sich noch in sich irgend eine Veränderung erfährt, so ist es demzufolge alles das was es sein kann, und es ist in ihm wie ich neulich sagte die Wirklichkeit nicht vom Vermögen verschieden. Ist dem aber so, so muss nothwendig in ihm der Punkt, die Linie, die Fläche und der Körper nichts verschiedenes sein. Denn dann ist jene Linie Fläche, da die Linie, indem sie sich bewegt, Fläche sein kann; dann ist jene Fläche bewegt und ein Körper geworden, da die Fläche sich bewegen und durch ihre Bewegung zum Körper werden kann. Also kann nothwendigerweise der Punkt im Unendlichen nicht verschieden sein vom Körper; denn der Punkt wird vom Punktsein sich losreissend zur Linie, vom Liniesein sich losreissend zur Fläche, vom Flächesein sich losreissend zum Körper: da also der Punkt das Vermögen hat, Körper zu sein, so ist er, wo Vermögen und Wirklichkeit eins und dasselbe ist, vom Körper nicht verschieden. Mithin ist das Untheilbare nicht verschieden vom Theil baren, das Einfachste nicht vom Unendlichen, der Mittelpunkt nicht vom Umfang. Weil also das Unendliche alles ist, was es sein kann, so ist es unbeweglich; weil in ihm alles ununterschieden ist, so ist es eins; und weil es alle Grösse und Vollkommenheit hat, die etwas überhaupt haben kann, so ist es ein grösstes und bestes Unermessliches.

Wenn der Punkt nicht vom Körper, der Mittelpunkt nicht vom Umfang, das Endliche nicht vom Unendlichen, das Grösste nicht vom Kleinsten verschieden ist: so können wir mit Sicherheit behaupten, dass das Universum ganz Centrum oder das Centrum des Universums überall ist, und dass der Umkreis nicht in irgend einem Theile, sofern derselbe vom Mittelpunkt verschieden ist, sondern vielmehr, dass er überall ist; aber ein Mittelpunkt als etwas von jenem verschiedenes ist nicht vorhanden. So ist es denn nicht nur möglich, sondern sogar nothwendig, dass das Beste, Grösste, Unbegreifliche alles ist, überall ist, in allem ist; denn als Einfaches und Untheilbares kann es alles, überall und in allem sein. Und also hat man nicht umsonst gesagt, dass Zeus alle Dinge erfülle, allen Theilen des Universums einwohne, der Mittelpunkt von dem sei, was das Sein hat, als eines in allem, und dass durch ihn Eines Alles ist. Da er nun alles ist und alles Sein in sich umfasst, so bewirkt er, dass Jegliches in Jeglichem ist.

Aber ihr werdet mir sagen: warum verändern sich denn die Dinge? warum wird die geordnete Materie in immer andere Formen gezwängt? Ich antworte, dass alle Veränderung nicht ein anderes *Sein*, sondern nur eine andere *Art* zu sein anstrebt. Und das ist der Unterschied zwischen dem Universum selber und den Dingen im Universum. Denn jenes fasst alles Sein und alle Arten zu sein; von diesen hat jegliches das ganze Sein, aber nicht alle Arten des Seins, und es kann nicht alle Bestimmungen und Accidentien in Wirklichkeit haben. Denn viele Formen sind nicht zugleich an demselben Substrat möglich, entweder weil sie entgegengesetzt sind, oder weil sie verschiedene Alten bezeichnen; so kann z.B. dasselbe individuelle Substrat nicht zugleich

unter der Accidenz eines Pferdes und eines Menschen existiren oder
die Baumausdehnung einer Pflanze und die eines Thieres haben.
Ferner umfasst das Universum alles Sein gänzlich; denn ausserhalb
und über dem unendlichen Sein ist überhaupt nichts, da es kein Aussen
und kein Jenseits für dasselbe giebt; von den Dingen im Universum
aber umfasst jedes alles Sein, aber nicht gänzlich, weil jenseits eines
jeden unendlich viel anderes ist. So seht ihr ein, dass alles in allem ist,
aber in Jeglichem nicht gänzlich und auf jegliche Weise. So seht ihr
ein, wie jedes Ding eines ist, aber nicht auf einheitliche Weise. So
tauscht sich nicht, wer das Seiende, die Substanz und das Wesen eines
nennt; als unendlich und unbegrenzt sowohl der Substanz als der Dauer
nach, sowohl der Grosse als der Kraft nach hat es die Eigenschaft
weder eines Princips noch eines Abgeleiteten; denn da jedes Ding in
die Einheit und Identität einmündet, d.h. eins und dasselbe wird, so
erlangt es die Eigenschaft des Absoluten, nicht des Relativen. In dem
einen Unendlichen, Unbeweglichen, d.h. der Substanz, dem Wesen,
findet sich die Vielheit, die Zahl; diese aber als Modus und als
Vielgestaltigkeit des Wesens, welche Ding für Ding besonders
bestimmt, macht deshalb doch nicht das Wesen zu mehr als Einem,
sondern nur zu *einem* vielartigen, vielgestaltigen und vielförmigen
Wesen. Wenn wir daher mit den Naturphilosophen in die Tiefe gehen
und die Logiker mit ihren Einbildungen bei Seite lassen, so finden wir,
dass alles, was Unterschied und Zahl bewirkt, blosses Accidenz, blosse
Gestalt, blosse Complexion ist. Jede Erzeugung, von welcher Art sie
auch sei, ist eine Veränderung, während die Substanz immer dieselbe
bleibt, weil es nur eine giebt, ein göttliches, unsterbliches Wesen. Das
hat Pythagoras wohl einzusehen vermocht, welcher den Tod nicht
fürchtet, sondern nur eine Verwandlung erwartet; alle die Philosophen
haben es einzusehen vermocht, die man gewöhnlich Naturphilosophen
nennt, und welche lehren, dass nichts seiner Substanz nach entstehe
oder vergehe: es sei denn dass wir auf diese Weise die Veränderung
bezeichnen wollen. Das hat Salomo eingesehen, welcher lehrt, dass es
nichts neues unter der Sonne gebe, sondern das was ist schon vorher
war. Da seht ihr also, wie alle Dinge im Universum sind und das
Universum in allen Dingen ist, wir in ihm, es in uns, und so alles in
eine vollkommene Einheit einmündet. Da seht ihr, wie wir uns nicht
den Geist abquälen, wie wir um keines Dinges willen verzagen sollten.
Denn diese Einheit ist einzig und stätig und dauert immer; dieses eine

ist ewig; jede Geberde, jede Gestalt, jedes andere ist Eitelkeit, ist wie nichts; ja, geradezu nichts ist alles was ausser diesem Einen ist. Diejenigen Philosophen haben ihre Freundin, die Weisheit, gefunden, welche diese Einheit gefunden haben. Weisheit, Wahrheit, Einheit sind durchaus eins und dasselbe. Dass das Wahre, das Eine und das Wesen eins und dasselbe sind, haben viele zu sagen gewusst, aber nicht alle haben's verstanden. Denn manche haben nur den Ausdruck sich angeeignet, aber nicht das Verständniss der wahrhaft Weisen erreicht. Aristoteles unter den anderen, der das Eine nicht fand, fand auch das Wesen nicht und nicht das Wahre. Denn er erkannte das Wesen nicht als Eines; und obgleich er freie Hand hatte, die Bedeutung des der Substanz und dem Accidenz gemeinsamen Wesens zu erfassen und dann weiterhin seine Kategorieen mit Rücksicht auf die Vielheit der Gattungen und Arten durch ebenso viele Unterschiede zu bestimmen, so ist er nichts desto weniger in die Wahrheit deshalb so wenig eingedrungen, weil er nicht bis zur Erkenntniss dieser Einheit und Ununterschiedenheit der bleibenden Natur und des bleibenden Wesens hindurch gedrungen ist, und als ein recht seichter Sophist mit boshaften Auslegungen und wohlfeilen Ueberredungskünsten die Meinungen der Alten verdreht und sich der Wahrheit widersetzt hat, vielleicht nicht so sehr aus Schwäche der Einsicht, als aus Missgunst und Ehrsucht.

DICSON. Also ist diese Welt, dieses Wesen, das wahre, das universelle, das unendliche, unermessliche, in jedem seiner Theile ganz, und mithin das Ubique, die Allgegenwart selber. Was daher im Universum ist, ist in Bezug auf das Universum nach dem Maasse seiner Fähigkeit überall, sei es auch was es wolle in Bezug auf die anderen besonderen Körper. Denn es ist über, unter, innerhalb, rechts, links und nach allen räumlichen Unterschieden; weil in dem ganzen Unendlichen alle diese Unterschiede und keiner von ihnen sind. Jedes Ding, das wir im Universum ergreifen, umfasst, weil es das was alles in allem ist in sich hat, in seiner Art die ganze Weltseele, obschon nicht gänzlich, wie wir oben gesagt haben, welche in jedem Theile desselben ganz ist. Wie daher die Wirklichkeit Eines ist und *ein* Sein bewirkt, wo es auch sei, so ist nicht zu glauben, dass es in der Welt eine Mehrheit von Substanzen und von dem was wahrhaft Wesen ist gebe. Sodann weiss ich, dass ihr es als ausgemacht anseht, dass jede von allen den unzähligen Welten, die wir im Universum sehen, darin nicht sowohl

wie in einem sie umschliessenden Räume und wie in einer
Ausdehnung und an einem Orte ist, sondern vielmehr wie in einer
umfassenden, erhaltenden, bewegenden, wirkenden Kraft, welche von
jeder unter diesen Welten ebenso vollständig umfasst wird, wie die
ganze Seele von jedem Theile derselben. Mag daher auch immer eine
einzelne Welt sich auf die andere zu und um dieselbe drehen, wie die
Erde zur Sonne und um die Sonne: in Bezug auf das Universum
bewegt sich doch nichts desto weniger keine auf dasselbe zu, noch um
dasselbe, sondern in demselben.

Ferner nehmt ihr an, dass, wie die Seele auch nach der gewöhnlichen
Ansicht in der ganzen grossen Masse ist, der sie das Sein giebt, und
doch zugleich ein Untheilbares und insofern auf dieselbe Weise im
Ganzen und in jeglichem Theile ganz ist, so auch das Wesen des
Universums Eines ist im Unendlichen und in jedem beliebigen Ding,
dieses als ein Glied von jenem genommen: so dass in der That das
Ganze und jeder Theil desselben der Substanz nach eines ist. Deshalb
habe es Parmenides nicht unpassend Eines, unendlich, unbeweglich
genannt, sei es auch mit seiner Ansicht sonst wie es wolle, welche
unsicher, weil von einem nicht hinlänglich zuverlässigen
Berichterstatter überliefert ist. Ihr lehrt, dass alle die Unterschiede, die
man an den Körpern wahrnimmt in Bezug auf Form, Beschaffenheit,
Gestalt, Farbe und anderes, was einzelnen eigenthümlich oder vielen
gemeinsam ist, nichts anderes sind als die verschiedenen
Erscheinungsweisen einer und derselben Substanz, die schwankende,
bewegliche, vergängliche Erscheinung eines unbeweglichen,
verharrenden und ewigen Wesens, in dem alle Formen, Gestalten und
Glieder sind, aber in unterschiedenem und gleichsam
ineinandergewickeltem Zustande, gerade wie im Samen der Arm noch
nicht von der Hand, der Rumpf nicht vom Kopf, die Sehne nicht vom
Knochen geschieden ist. Was aber durch die Sonderling und Scheidung
erzeugt wird, das ist nicht eine neue und andere Substanz; sondern sie
bringt nur gewisse Eigenschaften, unterschiede, Accidentien und
Abstufungen an jener Substanz zur Wirklichkeit und Erfüllung. Was
man nun vom Samen mit Bezug auf die Glieder des Thieres sagt,
dasselbe sagt man von der Nahrung mit Rücksicht auf die Daseinsform
als Nahrungssaft, Blut, Schleim, Fleisch, Samen; dasselbe von jedem
andern Dinge, welches ist, ehe es noch Speise oder etwas anderes wird;
dasselbe von allen Dingen, indem wir von der untersten bis zur

höchsten Stufe der Natur, von dem physischen Universum, welches
von den Philosophen erkannt wird, zu der Hoheit des Urbildes
aufsteigen, welches von den Theologen geglaubt wird, wenn du's
gelten lässt, bis man zu der einen ursprünglichen und universellen,
allem gemeinsamen Substanz gelangt, die so das Wesen, das
Fundament aller verschiedenen Arten und Formen heisst, wie in der
Kunst des Zimmermanns es *eine* Substanz, das Holz, giebt, welche für
alle Maasse und Gestalten, die selbst nicht Holz, aber von Holz, im
Holz, am Holz sind, als Substrat dient. Alles daher, was
Verschiedenheit von Gattungen, Arten, was Unterschiede,
Eigenthümlichkeiten bewirkt; alles was im Entstehen, Vergehen, in
Veränderung und Wechsel existirt, ist nicht Wesen, nicht Sein, sondern
Unistand und Bestimmung an Wesen und Sein; dieses aber ist ein
einiges, unendliches, unbewegliches Substrat, Materie, Leben, Seele,
Wahres und Gutes. Weil das Wesen untheilbar und schlechthin einfach
ist, – weil es unendlich und ganz Wirklichkeit ist, ganz in allem und
ganz in jedem Theile, so dass wir von Theilen *im* Unendlichen reden,
nicht von Theilen *des* Unendlichen, – deshalb ist es eure Meinung, dass
wir in keiner Weise die Erde als einen Theil des Wesens, die Sonne als
einen Theil der Substanz ansehen können, da diese untheilbar ist; aber
wohl ist es erlaubt, von der Substanz des Theiles oder besser von der
Substanz in dem Theile zu sprechen, grade wie man nicht sagen darf,
dass ein Theil der Seele im Arme, ein anderer im Kopfe ist, aber ganz
wohl, dass die Seele in dem Theil, welcher Kopf ist, dass sie die
Substanz des Theiles, oder in dem Theile ist, welcher Arm ist. Denn
Theil, Stück, Glied, Ganzes, so viel als, grösser, kleiner, wie dies, wie
jenes, als dies, als jenes, übereinstimmend, verschieden und andere
Beziehungen drücken nicht ein Absolutes aus und können sich deshalb
nicht auf die Substanz, auf das Eine, Aas Wesen beziehen, sondern nur
vermittelst der Substanz an dem Einen und an dem Wesen als Modi,
Beziehungen und Formen sein, wie man gemeinhin sagt, dass an einer
Substanz die Quantität, Qualität, Relation, das Wirken, Leiden und
andere Arten von Umständen sind. Solchergestalt ist das eine höchste
Wesen, in welchem Wirklichkeit und Vermögen ungeschieden sind,
welches auf absolute Weise alles sein kann und alles das ist, was es
sein kann, in unentfalteter Weise ein Einiges, Unermessliches,
Unendliches, was alles Sein umfasst; in entfalteter Weise dagegen ist
es in den sinnlich wahrnehmbaren Körpern und in der Trennung von

Vermögen und Wirklichkeit, wie wir sie in ihnen wahrnehmen. Deshalb ist es eure Ansicht, dass das, was erzeugt ist und erzeugt, sei es nun, um in der Redeweise der herkömmlichen Philosophie zu reden, ein anders benanntes oder ein gleichbenanntes Agens, und das, woraus erzeugt wird, immer von einer und derselben Substanz sind. Deshalb wird die Meinung des Heraklit eurem Ohr nicht übel klingen, welcher behauptete, alle Dinge seien ein Einiges, das vermöge der Veränderlichkeit alle Dinge in sich habe; und weil alle, Formen in ihm seien, so kommen ihm demgemäss alle Bestimmungen zu, und insofern seien die sich widersprechenden Sätze wahr. Das nun, was in den Dingen die Vielheit ausmacht, ist nicht das Wesen, nicht die Sache selber, sondern nur Erscheinung, die sich den Sinnen darstellt, und nur an der Oberfläche der Sache.

TEOFILO. Ganz richtig. Weiter aber möchte ich, dass ihr euch mehrere Hauptpunkte dieser allerwichtigsten Erkenntnis und dieses zuverlässigsten Fundamentes für die Wahrheiten und Geheimnisse der Natur fester einprägt. Zuerst also merkt euch, dass es eine und dieselbe Stufenleiter ist, auf welcher die Natur zur Hervorbringung der Dinge herabsteigt, und auf welcher die Vernunft zur Erkenntniss derselben emporsteigt: beide gehen vor der Einheit aus zur Einheit hin, indem sie durch die Vielheit der Mittelglieder sich hindurchbewegen. Ich bemerke beiläufig, dass in ihrem philosophischen Verfahren die Peripatetiker und viele Platoniker der Vielheit der Dinge als der Mitte die absolute Wirklichkeit von dem einen Extrem und das absolute Vermögen vom andern Extrem aus vorauseilen lassen, während wieder andere mit einer Art von Metapher die Finsterniss und das Licht zur Erzeugung unzähliger Stufen von Formen, Bildern, Gestalten und Farben zusammenwirken lassen. Hinter diesen, welche zwei Principien und zwei Herren ins Auge fassen, rücken andere heran, welche der Vielherrschaft feindlich und überdrüssig jene beiden in Einem sich vereinigen lassen, was zugleich Abgrund und Finsterniss, Klarheit und Licht, tiefes und undurchdringliches Dunkel, erhabenes und unzugängliches Licht ist. – Zweitens sollt ihr merken, dass die Vernunft, sobald sie sich von der Vorstellungskraft, mit der sie verbunden ist, soweit befreien und ablösen will, dass sie nur noch mathematische und vorstellbare Figuren verwendet, um entweder vermittelst derselben oder nach ihrer Analogie das Sein und die

Substanz der Dinge zu begreifen, – dass also die Vernunft in dieser Absicht wiederum die Vielheit und Verschiedenheit der Arten auf eine und dieselbe Wurzel zurückführt. So dachte sich Pythagoras, der die Zahlen zu den specifischen Principien der Dinge machte, als das Fundament und die Substanz von allen die Einheit; Plato und andere, welche die dauernden Gattungen in die Formen setzten, dachten sich als den einen Stamm und die eine Wurzel von allen, als universelle Substanz und Gattung den Punkt; und vielleicht sind Fläche und Körper das, was Plato schliesslich unter seinem »Grossen« verstand, und Punkt und Atom das, was er sich bei seinem »Kleinen« dachte, den beiden artbildenden Principien der Dinge, welche nachher auf eines zurückgehen, wie jedes Theilbare auf das Untheilbare. Diejenigen also, welche als das substantielle Princip die Eins bezeichnen, sehen die Substanzen für Zahlen an; die andern, welche das substantielle Princip als Punkt fassen, denken sich die Substanzen der Dinge wie Figuren; alle aber kommen darin überein, als Princip ein Untheilbares zu setzen. Indes besser und befriedigender ist doch die Auffassung des Pythagoras als die des Plato; denn die Einheit ist Ursache und Grund der Untheilbarkeit und Punktualität und ein absoluteres und dem universellen Wesen angemesseneres Princip.

GERVASIO. Wie kommt's, dass Plato, der doch der Spätere ist, es nicht eben so gut oder besser ge macht hat als Pythagoras?

TEOFILO. Weil er lieber für einen Meister angesehen werden wollte, wenn er eine weniger gute Lehre auf eine weniger passende und angemessene Weise vortrug, als für einen Schüler, wenn er für die bessere Lehre den besseren Ausdruck gebrauchte; ich will sagen, dass er bei seinem Philosophiren mehr den eignen Ruhm als die Wahrheit im Auge hatte. Kann ich doch nicht zweifeln, dass er recht gut wusste, dass seine Lehrart mehr auf die körperlichen und als körperlich angesehenen Dinge passte, während jene andere auf diese ganz eben so gut und passend anzuwenden war, wie auf alle anderen, welche Verstand, Einbildungskraft, Vernunft, die eine wie die andere Natur, erzeugen könnten. Jeder wird zugestehen, dass es dem Plato nicht verborgen blieb, dass Einheit und Zahl wohl unentbehrlich sind, um Figuren und Punkte zu untersuchen und verständlich zu machen; aber dass nicht umgekehrt Figuren und Punkte unentbehrlich sind, um von der Zahl ein Verständnis zu erlangen.

Denn während die ausgedehnte und körperliche Substanz von der unkörperlichen und ungetheilten abhängt, ist diese doch von jener unabhängig, weil der Begriff der Zahl ohne den des Maasses gegeben ist, der Begriff des Maasses aber nicht von jenem abgelöst werden kann. Denn der Begriff des Maasses kommt nicht vor ohne den der Zahl. Deshalb ist die arithmetische Analogie und Proportion geeigneter als die geometrische, uns durch die Mitte der Vielheit zur Betrachtung und Auffassung jenes untheilbaren Princips zu führen, für welches es, weil es die einheitliche und wurzelhafte Substanz aller Dinge ist, unmöglich einen festen und bestimmten Namen und einen Ausdruck der Art geben kann, der positiv und nicht bloss negativ das Wesen desselben ausdrückte. Daher haben es einige Punkt, andere Einheit, andere Unendliches und auf verschiedene ähnliche Weisen benannt. Dazu kommt, dass die Vernunft einen Gegenstand, wenn sie das Wesen desselben begreifen will, soviel wie möglich vereinfacht, d.h. sich aus der Zusammensetzung und Vielheit zurückzieht, indem sie die vergänglichen Accidentien, die Ausdehnungen, die Zeichen, die Figuren auf das ihnen zu Grunde Liegende zurückführt. So verstehen wir ein langes Schriftstück, eine weitläufige Rede nur durch Zusammenziehung in einen einfachen Grundgedanken. Die Vernunft beweist darin offenbar, wie die Substanz der Dinge in der Einheit besteht, welche sie in voller Wahrheit oder wenigstens annähernd zu erfassen sucht. Glaube mir, derjenige würde der idealste und vollkommenste Mathematiker sein, der alle in den Elementen des Euklides zerstreuten Sätze in einen einzigen Satz zusammenzuziehen vermöchte; der vollkommenste Logiker derjenige, welcher alle Gedanken auf einen einzigen zurückführte. Daher giebt es eine Stufenleiter der Intelligenzen. Die niederen vermögen eine Vielheit von Dingen nur vermittelst vieler Vorstellungen, Gleichnisse und Formen aufzufassen; die höheren verstellen sie besser vermittelst einer geringen Anzahl; die höchsten verstehen sie vollkommen vermittelst der allergeringsten Anzahl; die Ur-Intelligenz versteht das Ganze aufs vollkommenste in *einer* Anschauung; der göttliche Verstand und die absolute Einheit ist ohne irgend eine Vorstellung das was versteht und das was verstanden wird in einem zugleich. So lasst uns denn, zu der vollkommnen Erkenntnis emporsteigend, die Vielheit vereinfachen,

wie die Einheit, wenn sie zur Hervorbringung der Dinge herabsteigt,
sich vermannichfacht. Das Herabsteigen geschieht von *einem* Wesen
zu unendlich vielen Individuen und unzähligen Arten, das
Emporsteigen umgekehrt von diesen zu jenem.

Zum Beschluss dieser zweiten Betrachtung also bemerke ich
Folgendes. Wenn wir emporstreben und uns um das Princip und die
Substanz der Dinge bemühen, so klimmen wir zur
Unterschiedslosigkeit auf, und niemals glauben wir das erste Wesen
und die universelle Substanz erreicht zu haben, so lange wir nicht zu
jenem einen Unterschiedslosen gelangt sind, in welchem alles
enthalten ist; so sehr glauben wir von Substanz und Wesen nicht mehr
zu verstehen, als wir von der Unterschiedslosigkeit zu verstehen
vermögen. Daher führen die Peripatetiker und die Platoniker unendlich
viele Individuen auf einen ungeschiedenen Grund vieler Arten zurück;
unzählige Arten befassen sie unter bestimmten Gattungen, wie deren
Archytas zuerst zehn aufgestellt hat, die *einem* Wesen, *einem* Ding
zukämen. Dieses reale Wesen haben jene nur als einen Namen und
eine Wortbezeichnung, als einen logischen Begriff und schliesslich als
ein Nichtiges gefasst; denn nachher, wenn sie von der Physik handeln,
kennen sie ein solches Princip der Wirklichkeit und des Seins für alles
Seiende nicht, wie sie einen Begriff und einen allem Sagbaren und
Begreiflichen gemeinsamen Namen kennen, was ihnen sicher aus
Schwäche des Verstandes begegnet ist.

Drittens merke Folgendes. Da Substanz und Sein von der Quantität
gesondert und unabhängig und demzufolge Maass und Zahl nicht
Substanz, sondern an der Substanz, nicht Wesen, sondern etwas am
Wesen ist, so müssen wir nothwendigerweise die Substanz als ihrem
Wesen nach von Zahl und Maass frei bezeichnen, und deshalb als ein
ungetheiltes Einheitliches in allen besonderen Dingen, welche ihre
Besonderheit von der Zahl, das heisst von dem haben, was *an* der
Substanz ist. Wer daher den Poliinnio als Poliinnio wahrnimmt, nimmt
keine particuläre Substanz, sondern die Substanz im Partikulären und
in den Unterschieden, welche an ihr sind, wahr; die Substanz setzt
vermittelst der letzteren diesen Menschen unter einer bestimmten Art
in Zahl und Vielheit. Wie hier bestimmte Accidentien der
menschlichen Natur eine Vielfachheit derjenigen bewirken, welche
individuelle Exemplare der Menschheit heissen, so bewirken gewisse
Accidentien des thierischen Organismus eine Vielfachheit von Arten

thierischer Organismen, bestimmte Accidentien des lebenden Wesens
eine Vielfachheit von Beseeltem und Lebendigem, gewisse
Accidentien der Körperlichkeit eine Vielfachheit der Körperlichkeit,
gewisse Accidentien der Subsistenz eine Vielfachheit der Substanz.
Gerade so bewirken gewisse Accidentien des Seins eine Vielfachheit
der Wesenheit, der Wahrheit, der Einheit, des Wesens, des Wahren,
des Einen.

Viertens, merke dir die Hindeutungen und die Mittel zur Bekräftigung,
vermittelst deren wir schliessen wollen, dass die Gegensätze in Einem
zusammentreffen; und daraus wird zuletzt sich unschwer erweisen
lassen, dass alle Dinge Eines sind. Denn jede Zahl, ebensowohl die
grade wie die ungrade, sowohl die unendliche, wie die endliche, geht
auf die Einheit zurück, welche in endlicher Reihe wiederholt die Zahl
setzt, in unendlicher die Zahl negirt. Die Hindeutungen werde ich der
Mathematik, die Mittel der Bekräftigung den andern ethischen und
speculativen Doctrinen entnehmen. Also zunächst die Hindeutungen.
Sagt mir: was ist der graden Linie unähnlicher als der Kreis? was dem
Graden entgegengesetzter als das Krumme? Dennoch stimmen sie im
Princip und im kleinsten Theile überein. Denn welcher Unterschied
liesse sich – wie Cusanus, der Enthüller der schönsten Geheimnisse der
Geometrie so vortrefflich bemerkt hat, – zwischen dem kleinsten
Bogen und der kleinsten Sehne entdecken? Ferner im Grössten:
welcher Unterschied liesse sich zwischen dem unendlichen Kreise und
der graden Linie finden? Seht ihr nicht, wie der Kreis, je grösser er ist,
sich um so mehr mit seinem Bogen der Gradlinigkeit nähert? Wer ist
so blind, dass er nicht sähe, wie der Bogen, je grösser er wird, und je
grösser der Kreis, dessen Theil er ist, um so mehr sich der graden Linie
annähert, die durch die Tangente bezeichnet wird? Hier muss man
doch sicher sagen und glauben, dass wie die Linie, je mehr ihre Grösse
zunimmt, um so mehr sich der graden annähert, so auch die grösste
von allen im Superlativ mehr als alle andern grade sein muss, so dass
zuletzt die unendliche Grade sich als der unendliche Kreis erweist. Da
seht ihr, dass nicht nur das Grösste und Kleinste in *einem* Sein
zusammentreffen, wie wir öfter ausgeführt haben, sondern auch im
Grössten und im Kleinsten die Gegensätze eins und ununterschieden
werden. Vielleicht möchtest du ferner die endlichen Arten mit dem
Dreieck vergleichen, weil alle endlichen Dinge am Begrenzt- und
Eingeschlossensein des ersten Begrenzten und des ersten

Eingeschlossenen nach einer gewissen Analogie theilnehmend gedacht werden, wie in allen Gattungen alle entsprechenden Prädikate ihren Rang und ihre Stellung vom ersten und grössten innerhalb derselben Gattung empfangen. Das Dreieck nun ist die erste Figur, die sich nicht mehr in eine andere noch einfachere Art von Figur auflösen lässt, während im Gegentheil das Viereck in Dreiecke aufgelöst wird. Es ist, deshalb die Urform jedes endlichen und gestalteten Dinges. Du würdest aber finden, dass das Dreieck, wie es sich nicht in eine andere Figur auflösen lässt, sich auch nicht in solchen Dreiecken darstellen kann, in denen die Summe der drei Winkel grösser oder kleiner wäre, mögen sie auch sonst noch so verschieden, von noch so verschiedener Gestalt, dem Rauminhalt nach noch so gross oder noch so klein sein. Setze nun ein unendlich grosses Dreieck, – ich meine nicht auf reelle und absolute Weise; denn das Unendliche hat keine Gestalt, sondern unendlich meine ich in bloss hypothetischer Weise und soweit sich an einem Winkel das was wir zeigen wollen überhaupt zeigen lässt; – es wird keine grössere Winkelsumme haben, als das kleinste endliche Dreieck, nicht bloss keine grössere als die mittelgrossen oder ein anderes grösstes. Wenn wir nun die Vergleichung von Figuren und Figuren, ich meine von Dreiecken und Dreiecken bei Seite lassen, und Winkel gegen Winkel halten, so sind alle, so gross oder so klein sonst, dennoch gleich. Man sieht dies leicht, wo eine und dieselbe Linie die Diagonale mehrerer Quadrate von ungleicher Grösse ist. Nicht nur die rechten Winkel der Quadrate sind einander gleich, sondern auch alle spitzen, welche durch die Theilung vermittelst der Diagonale entstehen, welche doppelt so viele Dreiecke von lauter gleichen Winkeln erzeugt. Dies ist ein sehr fassliches Gleichnis dafür, wie die eine unendliche Substanz in allen Dingen ganz sein kann, obgleich in den einen auf endliche, in den andern auf unendliche Weise, in diesen nach geringerem, in jenen nach grösserem Maassstab. Aber lass uns weiter sehen, wie in diesem Einen und Unendlichen die Gegensätze zusammenfallen. Der spitze und stumpfe Winkel sind solche Gegensätze; und doch siehst du sie aus einem untheilbaren und identischen Princip entstehen, d.h. aus einer Neigung des Perpendikels, welches sich mit einer andern Linie schneidet, gegen diese. Drehet sich das Perpendikel in der Ebene um den Punkt, in welchem es eine andere Linie schneidet, so bildet es jedesmal in einer und derselben Richtung in einem und demselben Punkte erst zwei einander durchaus gleiche rechte Winkel, dann einen spitzen und einen stumpfen Winkel von um so grösserem Unterschied, je grösser die Drehung wird; hat diese eine bestimmte Grösse erreicht, so tritt wieder die Indifferenz von Spitz und Stumpf ein, indem beide sich gleicherweise aufheben, weil sie in dem Vermögen einer und derselben Linie Eines sind. Und wie die Linien haben zusammenfallen und den Unterschied aufheben können, so kann sich die drehende Linie von der anderen auch wieder trennen und den Unterschied setzen, indem sie aus demselbigen einen und untheilbaren Princip die entgegengesetztesten Winkel erzeugt, nämlich den grössten spitzen und den grössten stumpfen bis zum kleinsten spitzen und kleinsten stumpfen und weiter bis zur Indifferenz des rechten Winkels und zu der Uebereinstimmung, welche in dem Zusammenfallen der Senkrechten mit der Wagerechten besteht.

Ich komme jetzt zu den Mitteln der Bekräftigung. Zunächst von den wirksamen Urqualitäten der körperlichen Natur. Wer wüsste nicht, dass das Princip der Wärme etwas untheilbares und darum von aller Wärme geschiedenes ist, weil das Princip keines von den abgeleiteten Dingen sein darf? Wenn dem so ist, wer kann etwas gegen die Behauptung einwenden, dass das Princip weder warm noch kalt, sondern eine Identität des Warmen und des Kalten ist? So ist denn ein Entgegengesetztes Princip des andern, und die Veränderungen bilden deshalb einen Kreislauf nur dadurch, dass es nur ein Substrat, ein Princip, ein Ziel, eine Fortentwickelung und eine Wiedervereinigung beider giebt. Das Minimum der Wärme und das Minimum der Kälte sind durchaus eins und dasselbe; von der Grenze, wo das Maximum der Wärme liegt, entspringt das Princip der Bewegung zur Kälte hin. Daher ist es offenbar, dass zuweilen nicht nur die beiden Maxima in dem Widerstreit und die beiden Minima in der Uebereinstimmung, sondern auch das Maximum und das Minimum im Wechselspiel der Veränderung zusammentreffen. Deshalb pflegen die Aerzte nicht ohne Grund grade bei der vollkommensten Gesundheit besorgt zu sein; im höchsten Grade des Glücks sind vorsichtige Leute am bedenklichsten. Wer sähe nicht, dass das Princip des Vorgehens und Entstehens nur eines ist? Ist nicht der letzte Rest des Zerstörten Princip des Erzeugten? Sagen wir nicht zugleich, wenn jenes aufgehoben, dies gesetzt ist: jenes war, dieses ist? Gewiss, wenn wir recht erwägen, sehen wir ein, dass Untergang nichts anderes als Entstehung und Entstehung nichts anderes als Untergang ist: Liebe ist eine Art des Hasses, Hass endlich

ist eine Art der Liebe. Hass gegen das Widrige ist Liebe zum
Zusagenden: die Liebe zu diesem ist der Hass gegen jenes.
Der Substanz und Wurzel nach ist also Liebe und Hass, Freundschaft
und Streit eins und dasselbe. Woher entnimmt der Arzt das Gegengift
sicherer als aus dem Gifte? Was liefert besseren Theriak als die Viper?
In den schlimmsten Giften die besten Heilkräfte. Wohnt nicht *ein*
Vermögen zwei entgegengesetzten Gegenständen bei? Nun, woher
glaubst du denn kommt dies, wenn nicht davon, dass das Princip des
Seins ebenso eins ist, wie das Princip des Begreifens beider
Gegenstände eines ist, und dass die Gegensätze ebenso an einem
Substrat sind, wie sie von einem und demselben Sinne wahrgenommen
werden? Nicht zu reden davon, dass das Kugelförmige auf dem Ebenen
ruht, das Concave im Convexen weilt und liegt, das Zornige mit dem
Geduldigen verbunden lebt, dem Hoffährtigsten am allermeisten der
Demütige, dem Geizigen der Freigebige gefällt.
Zum Schluss also: wer die tiefsten Geheimnisse der Natur ergründen
will, der sehe auf die Minima und Maxima am Entgegengesetzten und
Widerstreitenden und fasse diese ins Auge. Es ist eine tiefe Magie, das
Entgegengesetzte hervorlocken zu können, nachdem man den Punkt
der Vereinigung gefunden hat. Aristoteles bei aller seiner Dürftigkeit
hat wohl an etwas derartiges gedacht, als er die Privation, mit welcher
eine bestimmte Anlage verbunden ist, als Urheberin, Erzeugerin und
Mutter der Form setzte; aber freilich vermag er nicht das Ziel zu
erreichen. Er hat es nicht erreichen können, weil er bei der Gattung,
dem Unterschiede überhaupt, stehen blieb und wie angefesselt nicht
weiter kam bis zur Art, dem conträren Gegensatz. Deshalb hat er das
Ziel nicht erreicht, nicht einmal sein Augenmerk darauf gerichtet;
deshalb hat er den ganzen Weg mit der einen Behauptung verfehlt,
Gegensätze könnten nicht in Wirklichkeit an einem und demselben
Substrat zusammentreffen.

POLIINNIO. Sublim, seltsamlich und fürtrefflich habt ihr vom
Ganzen, vom Maximo, vom Wesen, vom Principio, von dem Einen
disseriret. Aber ich möchte euch von der Einheit nun auch die
Unterschiede aufzeigen sehen; denn ich finde, dass geschrieben stehet:
Es ist nicht gut, allein sein! Ueberdies empfinde ich auch grosse Angst,
weil in meinem Geldbeutel und Geldsack nur ein verwitweter
Groschen herberget.

TEOFILO. Diejenige Einheit ist alles, die nicht entfaltet, nicht als etwas Vertheiltes und der Zahl nach Unterschiedenes, nicht in solcher Eigenthümlichkeit existirt, wie du es vielleicht verstehen würdest, sondern welche ein Umschliessendes und Umfangendes ist.

POLIINNIO. Ein Exemplum her! Denn die Wahrheit zu sagen, ich höre wohl, aber ich capire mit nichten.

TEOFILO. So wie der Zehner auch eine Einheit, aber eine umschliessende ist, der Hunderter eben so sehr Einheit, aber eine noch mehr umschliessende, der Tausender eben so sehr Einheit ist, wie die andern, aber viel mehr enthaltend. Was ich euch hier in arithmetischem Gleichnis aufzeige, das musst du in höherem und abstracterem Sinne in allen Dingen verstehen. Das höchste Gut, der höchste Gegenstand des Begehrens, die höchste Vollkommenheit, die höchste Glückseligkeit besteht in der Einheit, welche alles in sich schliesst. Wir ergötzen uns an der Farbe, aber nicht so an einer entfalteten, welcher Art sie auch sei, sondern am meisten an einer solchen, welche alle Farben in sich schliesst. Wir erfreuen uns an dem Klange, nicht an einem besondern, sonderen, an einem inhaltsvollen, welcher aus der Harmonie vieler Töne sich ergiebt. Wir freuen uns an einem sinnlich Wahrnehmbaren, aber zumeist an dem, welches alles sinnlich Wahrnehmbare in sich fasst; an einem Erkennbaren, welches alles Erkennbare, an einem Begreiflichen, welches alles Begreifliche umfasst, an einem Wesen, welches alles umschliesst, am meisten an dem einen, welches das All selber ist. So würdest du, Poliinnio, dich auch mehr freuen an der Einheit eines Edelsteines, der so kostbar wäre, dass er alles Gold der Erde aufwöge, als an der Vielheit der Tausende von Tausenden solcher Groschen wie die, von denen du einen in der Börse hast.

POLIINNIO. Excellent!

GERVASIO. Nun bin ich also ein Gelehrter. Denn wie der, der das Eine nicht versteht, nichts versteht, so versteht der alles, wer wahrhaft das Eine versteht; und wer sich der Erkenntnis des Einen mehr annähert, kommt auch der Erkenntnis von allem näher.

DICSON. So gehe ich, wenn ich's recht verstanden habe, durch die Auseinandersetzungen des Teofilo, des treuen Berichterstatters über die Lehre des Philosophen von Nola, wesentlich bereichert von dannen.

TEOFILO. Gelobt seien die Götter, und gepriesen von allem was da lebet sei das Unendliche, das Einfachste, Einheitlichste, Erhabenste und Absoluteste: *Ursache, Princip und Eines*!

Bd. 1 *Abenteuer und Fahrten des Huckleberry Finn*, Mark Twain, Bd. 2 *Andersens Märchen*, Hans Christian Andersen, Bd. 3 *Anton Reiser*, Karl Philipp Moritz, Bd. 4 *Aus dem Leben eines Taugenichts*, Joseph Freiherr v. Eichendorff, Bd. 5 *Bahnwärter Thiel*, Gerhard Hauptmann, Bd. 6 *Bambi Eine Lebensgeschichte aus dem Walde*, Felix Salten, Bd. 7 *Bauern, Bonzen und Bomben*, Hans Fallada, Bd. 8 *Bel Ami*, Guy de Maupassant, Bd. 9 *Bergkristall*, Adalbert Stifter, Bd. 10 *Candide oder der Optimismus*, Voltaire, Bd. 11 *Caspar Hauser oder Die Trägheit des Herzens*, Jakob Wassermann, Bd. 12 *Dantons Tod*, Georg Büchner, Bd. 13 *Das Bildnis des Dorian Grey*, Oscar Wilde, Bd. 14 *Das Dschungelbuch*, Rudyard Kipling, Bd. 15 *Das Fräulein von Scuderi*, ETA Hoffmann, Bd. 16 *Das Gemeindekind*, Marie v. Ebner-Eschenbach, Bd. 17 *Das Heptameron*, Margarete v. Navarra, Bd. 18 *Märchenbriefbuch der heiligen Nächte*, Max Dauphtendey, Bd. 19 *Das Marmorbild*, Joseph v. Eichendorff, Bd. 20 *Das Schloss*, Franz Kafka, Bd. 21 *Das Urteil*, Franz Kafka, Bd. 22 *David Copperfield*, Charles Dickens, Bd. 23 *Der abenteuerliche Simplizissimus*, Grimmelshausen, Bd. 24 *Der arme Spielmann*, Franz Grillparzer, Bd. 25 *Der eingebildete Kranke*, Moliere, Bd. 26 *Der ewige Spießer*, Ödön v. Horváth, Bd. 27 *Der Fürst*, Nocolò Machiavelli, Bd. 28 *Der Glöckner von Notre Dame*, Victor Hugo, Bd. 29 *Der goldene Esel, Apuleius, Bd. 30 Der goldene Topf*, ETA Hoffmann, Bd. 31 *Der Graf von Monte Christo*, Alexandre Dumas, Bd. 32 *Der grüne Heinrich*, Gottfried Keller, Bd. 33 *Der kleine Häwelmann und andere Märchen*, Theodor Storm, Bd. 34 *Der kleine Lord*, Frances Hodgson Burnett, Bd. 35 *Der letzte Mohikaner*, James Fenimore Cooper, Bd. 36 *Der Prozess*, Franz Kafka, Bd. 37 *Der Sandmann*, ETA Hoffmann, Bd. 38 *Der Schimmelreiter*, Theodor Storm, Bd. 39 *Der Schuss von der Kanzel*, Conrad Ferdinand Meyer, Bd. 40 *Der Seewolf*, Jack London, Bd. 41 *Der seltsame Fall des Dr. Jekyll und Mr. Hyde*, Robert Louis Stevenson, Bd. 42 *Der Stechlin*, Theodor Fontane, Bd. 43 *Der Sturmheidhof (Sturmhöhe)*, Emily Brontë, Bd. 44 *Der Tor und der Tod*, Hugo v. Hofmannsthal, Bd. 45 *Der Weg ins Freie*, Arthur Schnitzler, Bd. 46 *Der zerbrochene Krug*, Heinrich v. Kleist, Bd. 47 *Deutsches Märchenbuch*, Ludwig Bechstein, Bd. 48 *Deutschland. Ein Wintermärchen*, Heinrich Heine, Bd. 49 *Die Abenteuer der sieben Schwaben*, Ludwig Aurbacher, Bd. 50 *Die Burg von Otranto*, Horace Walpole, Bd. 51 *Die drei Musketiere*, Alexandre Dumas, Bd. 52 *Die Elixiere des Teufels*, ETA Hoffmann, Bd. 53 *Die Geschichte meines Lebens*, Georg Ebers, Bd. 54 *Die Insel Felsenburg*, Johann Gottfried Schnabel, Bd. 55 *Die Judenbuche*, Annette v. Droste-Hülshoff, Bd 56. *Die Kameliendame*, Alexandre Dumas, Bd. 57 *Die Kartause von Parma*, Stendhal, Bd. 58 *Die Kreutzersonate*, Lew Tolstoi, Bd. 59 *Die Leiden des jungen Werther*, Johann Wolfgang v. Goethe, Bd. 60 *Die Leute von Seldvyla I*, Gottfried Keller, Bd. 61 *Die Leute von Seldvyla II*, Gottfried Keller, Bd. 62 *Die Marquise*, George Sand, Bd. 63 *Die Marquise von O.*, Heinrich v. Kleist, Bd. 64 *Die Memoiren der Fanny Hill*, John Cleland, Bd. 65 *Die Ratten*, Gerhard Hauptmann, Bd. 66 *Die Räuber*, Friedrich v. Schiller, Bd. 67 *Die Regentrude*, Theodor Storm, Bd. 68 *Die Reisen des Baron zu Münchhausen*, Bd. 69 *Die Schatzinsel*, Robert Louis Stevenson, Bd. 70 *Die Verlobten*, Allessandro Manzoni, Bd. 71 *Die Verwandlung*, Franz Kafka, Bd. 72 *Die Verwirrungen des Zöglings Törleß*, Robert Musil, Bd. 73 *Die Waffen nieder*, Berta von Suttner, Bd. 74 *Die Wahlverwandtschaften*, Johann Wolfgang v. Goethe, Bd. 75 *Don Carlos*, Friedrich v. Schiller, Bd. 76 *Eduards Traum*, Wilhelm Busch, Bd. 77 *Effi Briest*, Theodor Fontane, Bd. 78 *Egmont*, Johann Wolfgang v. Goethe, Bd. 79 *Ein Held unserer Zeit*, Michail Lermontoff, Bd. 80 *Einsichten und Ausblicke*, Gerhard Hauptmann, Bd. 81 *Emilia Galotti*, Gottold Ephraim Lessing, Bd. 82 *Erinnerungen aus galanter Zeit*, Giacomo Casanova, Bd. 83 *Erzählungen*, Wilhelm Busch, Bd. 84 *Es waren zwei Königskinder*, Theodor Storm, Bd. 85 *Essays*, Michel de Montaigne, Bd. 86 *Franz Sternbalds Wanderungen*, Ludwig Tieck, Bd. 87 *Fräulein Else*, Arthur Schnitzler, Bd. 88 *Frühlings Erwachen*, Frank Wedekind, Bd. 89 Gedanken, Blaise Pascal,

Bd. 90 *Gefährliche Liebschaften*, Pierre-Ambroise-François Choderlos de Laclos, Bd. 91 *Gegen den Strich*, Joris-Karl Huysmany, Bd. 92 *Geschichte des Fräuleins von Sternheim*, Sophie v. La Roche, Bd. 93 *Geschichte vom braven Kasperl und dem Annerl*, Clemens Brentano, Bd. 94 *Geschichten aus dem Wienerwald*, Ödön v. Horváth, Bd. 95 *Glanz und Elend der Kurtisanen*, Honore de Balzac, Bd. 96 *Glück und Unglück der berühmten Moll Flanders*, Daniel Defoe, Bd. 97 *Götz von Berlichingen*, Johann Wolfgang v. Goethe, Bd. *98 Gullivers Reisen*, Jonathan Swift, Bd. *99 Heidis Lehr und Wanderjahre*, Johann Spyri, Bd. 100 *Heinrich von Ofterdingen*, Novalis, Bd. 101 *Hiob Roman eines einfachen Mannes*, Joseph Roth, Bd. *102 Immensee*, Theodor Storm, Bd. 103 *Iphigenie auf Tauris*, Johann Wolfgang v. Goethe, Bd. 104 *Italienische Märchen*, Clemens Brentano, Bd. 105 *Ivannhoe*, Walter Scott, Bd. 106 *Jahrmarkt der Eitelkeiten*, William Makepaece Thackeray, Bd. 107 *Jane Eyre*, Charlotte Brontë, Bd. 108 *Jugend ohne Gott*, Ödön v. Horvath, Bd. 109 *Jürg Jenatsch*, Conrad Ferdinand Meyer, Bd. 110 *Kabale und Liebe*, Friedrich v. Schiller, Bd. 111 *Kasimir und Karoline*, Ödön v. Horvath, Bd. 112 *Kinder- und Hausmärchen*, Gebrüder Grimm, Bd. 113 *Kleiner Mann, was nun*, Hans Fallada, Bd. 114 *König Alkohol*, Jack London, Bd. 115 *Krambambuli*, Marie Ebner-Eschenbach, Bd. 116 *Lausbubengeschichten*, Ludwig Thoma, Bd. 117 *Lavinia - Pauline - Kora*, George Sand, Bd. 118 *Leben und Lüge*, Detlev von Liliencron, Bd. 119 *Lebensansichten des Katers Murr*, ETA Hoffmann, Bd. 120 *Lenz. Der hessische Landbote*, Georg Büchner, Bd. 121 *Lieutenant Gustl*, Arthur Schnitzler, Bd. 122 *Lord Jim*, Joseph Conrad, Bd. 123 *Luise*, Johann Heinrich Voß, Bd. 124 *Madame Bovary*, Gustave Flaubert, Bd. 125 *Märchen*, Wilhelm Hauff, Bd. 126 *Maria Stuart*, Friedrich v. Schiller, Bd. 127 *Max Havelaar*, Multatuli, Bd. 128 *Meister Floh*, ETA Hoffmann, Bd. 129 *Michael Kohlhaas*, Heinrich v. Kleist, Bd. 130 *Minna von Barnhelm*, Gotthold Ephraim Lessing, Bd. 131 *Moby Dick*, Hermann Melville, Bd. 132 *Nathan, der Weise*, Gotthold Ephraim Lessing, Bd. 133-1 und 133-2 *Nils Holgersson wunderbare Reise*, Selma Lagerlöf, Bd. 134 *Niels Lyne*, Jens Peter Jacobsen, Bd. 135 *Nußknacker und Mausekönig*, ETA Hoffmann, Bd. 136 *Oliver Twist*, Charles Dickens, Bd. 137 *Onkel Toms Hütte*, Herriett Beecher Stowe, Bd. 138 *Peter Schlemihls wundersame Geschichte*, Adalbert v. Chamisso, Bd. 139 *Peterchens Mondfahrt*, Gerdt v. Bassewitz, Bd. 140 *Pinocchio*, Carlo Collodi, Bd. 141 *Reinecke Fuchs*, Johann Wolfgang v. Goethe, Bd. 142 *Rheinmärchen*, Clemens Brentano, Bd. 143 *Rinaldo Rinaldini*, Christian August Vulpius, Bd. 144 *Robinson Crusoe*; Daniel Defoe, Bd. 145 *Romeo und Julia*, William Shakespeare Bd. 146 *Schach von Wuthenow*, Theodor Fontane, Bd. 147 *Schachnovelle*, Stefan Zweig, Bd. 148 *Schatzkästlein des rheinischen Hausfreundes*, Johann Peter Hebel, Bd. 149 *Schelmuffskys Reisebeschreibung*, Christian Reuter, Bd. 150 *Schloss Gripsholm*, Kurt Tucholsky, Bd. 151 *Siebenkäs*, Jean Paul, Bd. 152 *Sternstunden der Menschheit*, Stefan Zweig, Bd. 153 Tao te king, Laotse, Bd. 154 *Till Eulenspiegel*, Hermann Bote, Bd. 155 *Tolldreiste Geschichten*, Honorè de Balzac, Bd. 156 *Tom Jones, Geschichte eines Findelkindes*, Henry Fielding, Bd. 157 *Tom Sawyers Abenteuer und Streiche*, Mark Twain, Bd. 158 *Troquato Tasso*, Johann Wolfgang v. Goethe, Bd. 159 *Traumnovelle*, Arthur Schnitzler, Bd. 160 *Trost der Philosophie*, Boethius, Bd. 161 *Über den Umgang mit Menschen*, Adolph Freiherr v. Knigge, Bd. 162 *Uli der Knecht*, Jeremias Gotthelf, Bd. 163 *Uli der Pächter*, Jeremias Gotthelf, Bd. 164 *Ungeduld des Herzens*, Stefan Zweig, Bd. 165 *Ut oler Welt*, Wilhelm Busch, Bd. 166 *Vater Goriot*, Honorè de Balzac, Bd. *167 Väter und Söhne*, Ivan Sergejeviç Turgenev, Bd. 168 *Verlorene Illusionen*, Honorè de Balzac, Bd. 169 *Von der Freiheit eines Christenmenschen*, Martin Luther – Bd. 170 *Von der Ursache, dem Prinzip und dem Einen*, Bruno Giordano, Bd. 171 *Vor Sonnenuntergang*, Gerhard Hauptmann, Bd. 172 *Walden oder Leben in den Wäldern*, Henry D. Thoreau, Bd. 173 *Wilhelm Meisters Lehrjahre*, Johann Wolfgang v. Goethe, Bd. 174 *Wilhelm Meisters Wanderjahre*, Johann Wolfgang v. Goethe, Bd. 175 *Wilhelm Tell*, Friedrich v. Schiller

Von demselben Autor/Herausgeber sind bei BOD bereits erschienen:

Alle Tage Feiertage
ISBN 978-3-7386-0409-2, 280 S.
Allerlei Anlässe zum Aktionieren, Feiern und Gedenken

100 Kinderlieder
ISBN 978-3-7322-3024-2, 112 S.
100 Kinderlieder, altbekannt und immer wieder gern gesungen

Liederbuch (Deutsche Volkslieder)
ISBN 978-3-8423-6702-9, 312 S.
300 Volkslieder aus 8 Jahrhunderten und aller Herren Länder

Sagen und Erzählungen aus Marburg und Oberhessen
ISBN 978-3-7347-8909-0 , 164 S.
Allerlei Schwänke und Geschichten aus dem Marburger Land

Tausenderlei über die Freiheit
ISBN 978-3-7322-9721-4, 140 S.
Mehr als 1000 Zitate, Bonmots und Aphorismen über die Freiheit

Tausenderlei über das Glück
ISBN 978-3-7322-5525-2, 160 S.
Mehr als 1000 Zitate, Bonmots und Aphorismen über das Glück

Tausenderlei über die Liebe
ISBN 978-3-8423-7474-4, 140 S.
Mehr als 1000 Zitate, Bonmots und Aphorismen zum Thema Nr. Eins

Weihnachtsgedichte– Verse, Reime und Gedichte zum Fest
ISBN 978-3-7347-6393-9, 352 S.
290 Werke bekannter und unbekannter Dichter zum Weihnachtsfest

Weihnachtsgeschichten - Erzählungen und Märchen
ISBN 978-3-7347-6404-2, 392 S.
85 kurze und lange Texte zur Weihnachtszeit

Weihnachtsgeschichten 2
ISBN 978-3-7481-7533-9, 360 S.
35 kürzere und längere Geschichten zur Weihnacht

100 Weihnachtslieder
ISBN 978-3-7322-3375-5, 112 S.
100 Weihnachtslieder aus der Heimat und der ganzen Welt

Lob und Tadel an tessitore@web.de